D1754372

Im Angesicht
der Engel will ich
dir lobsingen

Renate Becker OSB

Im Angesicht der Engel will ich dir lobsingen

Meditationsbuch zur
Bilderwelt in der Krypta
von Marienberg

Tyrolia-Verlag · Innsbruck-Wien

Mitglied der Verlagsgruppe „engagement"

Die Deutsche Bibliothek – CIP-Einheitsaufnahme

Becker, Renate:
Im Angesicht der Engel will ich dir lobsingen:
Meditationsbuch zur Bilderwelt in der Krypta von Marienberg
Renate Becker. – Innsbruck ; Wien : Tyrolia-Verl., 1994
ISBN 3-7022-1917-X

1994
Alle Rechte bei der Verlagsanstalt Tyrolia, Innsbruck
Bild S. 65 aus: R. Stecher, Ein Singen geht über die Erde
Umschlaggestaltung: Mag. Elke Staller
Lithoausarbeitung: Tiroler Repro, Innsbruck
Satz, Druck und Bindung: Athesia-Tyrolia Druck, Innsbruck

Inhalt

- **8**   **Im Angesicht der Engel will ich dir lobsingen**

- **13**   **Engelspuren in der Bibel**
  - 13   Engel für die Menschen
  - 19   Engel im Leben Jesu
  - 20   Engel in der neutestamentlichen Gemeinde
  - 21   Engel um Gottes Thron

- **25**   **Die Marienberger Krypta**
  - 26   Zur Farbsymbolik
  - 28   Engel-Attribute

- **30**   **Vom Schauen zum Angeschaut-Sein**

- **49**   **Wo der Himmel im Alltag nistet und der Alltag im Himmel geborgen ist**

- **58**   **Der wunderbare Tausch**

- **63**   **Zur Geschichte von Marienberg und vom Geist der klösterlichen Gemeinschaft**
  - 63   Von den Anfängen
  - 64   Neubeginn
  - 70   Von Notzeiten und Lichtblicken

- **78**   Anhang

Aufgehoben ...

Du trägst in deiner Hand
das Buch des Lebens
Darin sind unsre Namen aufgeschrieben
und alles auch
was uns hier umgetrieben

    – was uns verwirrte
      weil wir nicht verstanden
    – was uns versehrte
      weil wir Gott nicht fanden

und du legst schützend dein Gewand
um unsres armen Lebens Last
und hältst sie dem vor Augen
der mit seinem Ruf uns Fülle gab
die wir so bald vertan
und der durch seinen Tod
uns neu erschuf –

Mattäusengel

Im Angesicht der Engel
will ich dir lobsingen

Dieser Psalmvers gibt die doppelte Herkunft des vorliegenden Buches an. Beides, Bilder und Texte, sind in dem Raum gewachsen, der von diesem Wort seine ganz eigne Weite und Tiefe bekommt, dem monastischen Lebensraum. Es ist der Lebensraum, in dem Frauen und Männer dem sich in der Sehnsucht ihres Herzens aktualisierenden Ruf Gottes folgen. Sie suchen Gott unter der Führung des Evangeliums, geleitet von der Benediktsregel. Und auf diesem Weg wird ihnen die Erfahrung zuteil, daß der Gott, der sie ruft und dem sie suchend antworten, immer schon in ihrer Mitte gegenwärtig ist.
Aus dieser Gegenwart wächst ihre geschwisterliche Gemeinschaft, die sich im Lobpreis Gottes und im Dienst am Mitmenschen ausdrückt und in schweigender Anbetung vollendet.
Leben in und aus der Gegenwart Gottes stellt den Menschen, der sich dieser Gegenwart anvertraut, in eine beinah unvorstellbare Weite hinein.
Nicht in eine Weite, in der er sich zu verlieren droht, sondern in der er aufgehoben ist und umfangen von der Gemeinschaft all jener, die Gott zu loben vermögen im Himmel und auf Erden.
Auf diesem Weg, in der angedeuteten Weite des Lebensraumes gibt und gab es die Erfahrung von der Anwesenheit der Engel; eine Erfahrung, die sich bis zur „Verleiblichung" des Engels verdichten kann.
Es gibt keinen Grund, an der Wirklichkeit solchen Geschehens zu zweifeln, nur weil sich diese Wirklichkeitserfahrung unserem alltäglichen Zugriff entzieht.
Manchmal leben wir lange Zeit neben einem Menschen, arbeiten mit ihm und teilen vielleicht sogar unsere Freizeit, aber wir „kennen" ihn eigentlich nicht. Unser Bild von ihm bleibt flach, vordergründig. Und es kann sein, daß er aus unserem Leben verschwindet, ohne eine Spur zu hinterlassen, denn es hat zwischen uns keine Begegnung gegeben.

So geht es den meisten von uns wohl auch mit der Wirklichkeit des Engels. Sie ist da, mitten in unserem Alltag, aber die Augen und Ohren unsres Herzens sind nicht geübt, den Engel zu erkennen.

Wir halten den Engel zumeist für einen Mythos, vergangenen Erfahrungsmöglichkeiten zugehörig, oder höchstens noch für einen „Archetyp" unserer Seele oder für eine „theologisch gedachte Größe", der Welt der Bibel zugehörig und aus der unseren längst ausgewandert.

Auch mir ging es so. Lange Zeit hatte mein Denken keinen Raum für Engel, und nur ganz allmählich begannen sie vom Rand meines christlichen Bewußtseins her in jener Erfahrungsebene Bedeutung zu gewinnen, die ich hier vorläufig einmal mit dem Wort „Gegenwärtigkeit" andeuten möchte.

Das gab mir eine neue Sensibilität für die mir seit langem vertrauten Engelerzählungen der Bibel und für den „Ort" der Engel in der täglichen Feier der Liturgie, die ja in der Komplet zum Abschluß eines jeden Tages um die schützende Gegenwart der Engel im Dunkel der Nacht bittet.

Immer wieder gab es auf diesem Weg die Begegnung mit dem Engel in Bildern. Und unter diesen Bildern wurden mir die Engelfresken von Marienberg besonders lieb und wichtig.

Und als die Frage an mich herankam, ob ich nicht „etwas über diese Engel" schreiben wolle, hielten sich Zögern und Freude über das Ansinnen zunächst die Waage ... Zögern, weil es ja schon eine Darstellung des Marienberger Engelzyklus aus kunsthistorischer Sicht gab. Freude, weil ich in vielen meditativen Bildbetrachtungen mit ebendiesen Engeln erfahren hatte, wie sehr sie suchenden Menschen zum Weg in die Geborgenheit bei Gott werden konnten. Dann hatte ich das Glück, mich eine kleine Zeit der Gastfreundschaft der „Hüter" dieser wunderbaren Bilderwelt – die ich bis dahin nur von Dias kannte – zu erfreuen. Da konnte ich Stunde um Stunde ungestört hineinlauschen in die Andeutung des Einbruchs himmlischer Fülle in die Armut der menschlichen Welt. Und im Verweilen bei diesen Bildern habe ich neu verstanden, wie sich an dem Zu-Sehenden das Sehen-Können entfaltet.

So lade ich Sie, liebe Leserin, lieber Leser, ein, sich mit diesem Buch auf den Weg des aufmerksamen Betrachtens von Bildern und Texten zu begeben, in denen sich Engelerfahrung, die immer zugleich auch Gotteserfahrung ist, verdichtet.

Das liebevoll-aufmerksame Hinschauen und Hinhören kann helfen, gerade weil eine gewisse Distanz zur in Wort und Bild vorgestellten Erfahrungswelt besteht, ähnlichen Erfahrungen in unserer Zeit, oder vielleicht sogar im eigenen Leben, ohne Angst zu begegnen. Sie dankbar anzunehmen und den Gott zu loben, der Engel, Menschen und alle Kreatur ins Dasein rief.

Gehen wir noch einmal kurz zu dem Psalmvers zurück, der unser Kapitel einleitet.

Dieses das Leben der Mönche umschreibende und bestimmende Wort gehört zum großen Schatz biblischen Redens vom Engel, in dem die Bilder der Marienberger Krypta tief verwurzelt sind.

Ohne die unübersehbare Anwesenheit der Engel in den biblischen Lobgesängen und Erzählungen, in der Liturgie und Lebensordnung der Mönche gäbe es dieses „schönste Blatt in der Südtiroler Bilderbibel" nicht.

Wir dürfen diese Fresken gleichsam als eine existentielle Nachdichtung der biblischen Engelwelt in Farben begreifen; als einen Spiegel auch, in dem wir – wenn zunächst auch nur „wie von fern" – das Bild des Engels erkennen lernen, dem Gott jeden von uns anvertraute.

Mittlerer Engel der Südkappe

Frage

Wie kommst du heute
und wie werd ich erkennen
daß du es bist?

Wirst du vor mir
wie der Dornbusch brennen
Kommst du als Retter in meine Not
mit Wasserkrug und Aschenbrot
Kommst du als Hand
die mich sicher führt
oder im Kuß
der mich zärtlich berührt
Kommst du vielleicht
mit den Flügeln des Windes
oder im Lachen eines Kindes

Bist du ein Raphael auf meinem Pfade
Schenkst als Gabriel du mir den Gruß der Gnade
Oder wirst du als Michael mir gesendet
Trost und Geleit wenn mein Weg hier endet
und die Zeit sich mir wendet
zur Ewigkeit

Wie du auch kommst
ich werd' dich erkennen
denn du wirst mich beim Namen nennen

Engelspuren in der Bibel

Es wird gut sein, uns zunächst einmal dem Urquell zu nähern, dem sich alle christlichen Engelvorstellungen in ihrer bunten Fülle und Schönheit verdanken, den Engelerzählungen der Bibel. Wenn wir bereit sind, ernsthaft in den Raum ihrer Botschaft einzutreten, werden wir erkennen, daß man vom Engel nur sprechen kann, indem man zugleich von Gott zu sprechen wagt. Denn Engel sind ganz und gar auf Gott bezogen.
Ihre Existenz vollzieht sich auf ihn hin in liebender Kontemplation, in nie verstummendem Lob und im Wahrnehmen des Auftrags zum Dienst im Ganzen des Kosmos und darin besonders am Menschen. Natürlich können wir im Rahmen unseres kleinen Buches über Engel nicht die ganze Fülle biblischer Zeugnisse vom Dasein der Engel vor Gott und für die Menschen ausbreiten. Die Auswahl beschränkt sich auf Texte, die mir in einer besonderen Nähe zu den Engelbildern der Marienberger Krypta zu stehen scheinen.
Vielleicht verleitet diese Auswahl zum eigenen Suchen und dann auch zum Neu-Entdecken längst vertrauter Bilder und öffnet so Augen, Ohren und Herz für die immer neue Botschaft der Engel und in ihr für die Begegnung mit Gott.

Engel für die Menschen

Im Engel für die Menschen – so bezeugt die Bibel – tritt Gott sozusagen sichtbar in den Horizont unseres Daseins ein. In einer Sichtbarkeit, die nicht tötet, sondern unser Leid in Freude verwandelt, unsere Armut in Fülle und unseren Tod in Leben.
Biblische Engel haben keine Kennzeichen, durch die sie sich im voraus ausweisen. Wenn ein Fremder kommt, könnte er ein Engel sein, so lesen wir im Brief an die Hebräer. Der Schreiber dieser Worte hatte wohl die alttestamentlichen Abrahamsgeschichten vor Augen, in denen Gott selbst Abrahams Gast wird.

Die Spuren dieser besonderen Art Gottes, Gast zu sein bei den Menschen, prägen nicht nur die sich langsam entwickelnde Gottesvorstellung der Bibel. Sie werden im Bild der Drei Engel auch zum Vor-Bild des neutestamentlich-christlichen Glaubens an die Trinität: das Geheimnis Gottes, das sich dreifaltig dem Menschen schenkt.

Jahwe erschien Abraham bei der Terebinthe Mamres, als er um die heiße Jahreszeit am Eingang des Zeltes saß. Er erhob seine Augen, und siehe, da standen drei Männer vor ihm. Sowie er sie sah, eilte er vom Eingang des Zeltes ihnen entgegen, verneigte sich bis zur Erde und sagte: Mein Herr, wenn ich Gnade gefunden habe vor deinen Augen, dann gehe an deinem Knecht nicht vorüber. Man bringe euch etwas Wasser, dann wascht euch die Füße, legt euch unter den Baum. Ich hole unterdessen einen Bissen Brot, damit ihr euch stärkt; dann mögt ihr weitergehen. Denn dazu seid ihr doch bei eurem Knecht vorbeigekommen. Sie sprachen: Tue, wie du gesagt hast.

Genesis 18, 1-5

Wir erinnern uns vielleicht des Fortgangs der Geschichte. Wie Abraham den zufällig vorüberkommenden Gästen eine geradezu fürstliche Gastfreundschaft erweist, voller ehrerbietiger, liebenswürdiger Fürsorge. Der biblische Erzähler berichtet von diesem Ereignis im Leben Abrahams in sprühender, orientalisch-farbiger Sprache.

Da entfaltet sich vor unseren Augen nicht nur geschäftiges Treiben. Da können wir lauschend und schauend gleichsam Abrahams Zeitgenossen werden und mit ihm allmählich begreifen, wer da eingekehrt ist in der flirrenden Mittagshitze: Gott! Gott in der Dreigestaltigkeit seiner Boten. Sie treten – wie in fast allen biblischen Engelerzählungen plötzlich und unerwartet in den menschlichen Erfahrungshorizont ein; sie erscheinen im Alltagsgewand im menschlichen Alltag.

Erst in der Botschaft, die sie bringen, beinah schon im Hinter-ihnen-Herschauen erkennt Abraham in den Engeln den göttlichen Gast.

Hier, im Zusammenhang der Abrahamsgeschichten, begegnet der Engel nicht nur als Bote, der von Gott her Zukunft eröffnet in der Verheißung neuen Lebens, sondern auch als Schutz-Engel.

Im 16. und 21. Kapitel der Genesis wird die Geschichte vom Kommen des Engels in die sehr konkrete Not eines Menschen erzählt. Hagar, die junge Nebenfrau Abrahams, ist schwanger vor der Härte ihrer Herrin Sarai in die Wüste geflohen. Hier begegnet ihr der „Engel des Herrn". Und in der Begegnung mit dem Engel, der ihr die Geburt Ismaels verheißt – Jischma-el bedeutet: Gott hat erhört –, versteht die junge Hagar, daß Gott selbst nach ihr schaut, daß er sich um sie sorgt. Ihr dankbares Erstaunen drückt sich aus in dem Wort: „Du bist der Gott des Schauens." Hagar geht ermutigt zurück zu den Zelten Abrahams.

Noch einmal wird sie erfahren, daß Gott ihrer und ihres Sohnes gedenkt. Als sie mit dem Knaben endgültig aus der Sicherheit der Sippe Abrahams verstoßen wird und in der Wüste dem Verdursten nahe ist, heißt es:

Gott aber hörte die Stimme des Knaben, und der Engel Gottes rief Hagar vom Himmel her zu und sprach zu ihr: Was ist mit dir, Hagar? Fürchte dich nicht! Denn Gott hat die Stimme des Knaben gehört, dort, wo er ist. Steh auf, halte ihn fest an der Hand; denn ich will ihn zu einem großen Volk machen.

Genesis 21, 17-19

So, in der Begegnung mit dem Gottesengel, werden Hagar die Augen geöffnet, und sie sieht den rettenden Brunnen.

Die biblische Erzähltradition wird diese Gotteserfahrung bewahren. Der Brunnen bekommt den Namen „Lachai-Roi-Brunnen": Brunnen „des Lebendigen, der auf mich schaut".

Wie Gott auf Ismael schaut, so schaut er auch auf Isaak, den „Sohn der Verheißung", den er selbst Abraham als Garant der Zukunft schenkte.

Selbst Leute, denen die Bibel ein verschlossenes Buch geblieben ist, wissen um diese unbegreifliche Vertrauensfrage, die Gott dem Abraham stellt: „Opfere mir den Sohn, den einzigen, den du liebhast." Und Abraham? Er vertraut und legt alles, die Zukunft und seinen Sohn, den einzigen, den er liebhat, in Gottes Hand. Und als er schon nach dem Messer greift, da heißt es:

Da rief der Engel des Herrn vom Himmel her ihm zu und sprach: Abraham, Abraham! Er antwortete: Hier bin ich! Da sprach er: Strecke deine Hand nicht aus nach dem Knaben, und tu ihm nichts zuleide. Denn nun weiß ich, daß du Gott fürchtest und mir deinen einzigen Sohn nicht vorenthalten hast. Als Abraham die Augen erhob, sah er einen Widder und brachte ihn an Stelle seines Sohnes zum Brandopfer dar. Abraham nannte den Ort „Jahwe sieht", sodaß man bis zum heutigen Tag sagt: Auf dem Berge, wo Jahwe vorsieht.
Genesis 22, 11-14

Auf einen gänzlich anderen Ton gestimmt ist die Geschichte, die vom helfenden Eingreifen des Engels im Leben Elias, des großen Propheten aus der Frühzeit Israels, erzählt. Er, der mit eiferndem Wort, mit Feuer und Schwert gegen die Feinde seines Jahwe-Gottes auftrat, ist müde geworden; müde und verzagt! Als in diese Verzagtheit hinein die Drohung der Königin Isebel kommt, ihm das Leben zu nehmen, flieht er. Er flieht in die Wüste. Nicht nur in die geographische Wüste, sondern in die Wüste einer tiefen Depression. Die Bibel erzählt davon mit folgenden Worten:

Elia ging einen Tagesmarsch weit in die Wüste hinein. Als er so weit gekommen war, setzte er sich unter einem Ginsterstrauch nieder und wünschte sich den Tod. Er sprach: Nun ist es genug, Jahwe! Nimm meine Seele hin; ich bin ja nicht besser als meine Väter. Dann legte er sich hin und schlief ein. Da, auf einmal rührte ihn ein Engel an und sprach zu ihm: Steh auf und iß! Als er hinblickte, siehe, da war zu seinen Häupten ein gerösteter Fladen und ein Krug mit Wasser. Und er aß und trank und legte sich wieder schlafen.
Aber der Engel Jahwes kam zum zweiten Mal, rührte ihn an und sprach: Steh auf und iß! Denn sonst ist der Weg zu weit für dich! Da stand er auf, aß und trank und wanderte in der Kraft jener Speise vierzig Tage und vierzig Nächte bis zum Gottesberg, dem Horeb.
1 Könige 19, 4-15

In der Begegnung mit dem Boten, im Annehmen von Speise und Trank, im Aufbrechen aus der Resignation entscheidet sich Elia erneut für das Leben – und darin für Gott.

Nun kann er dem Gott begegnen, der sich finden läßt. Nicht im Feuer und nicht im Erdbeben oder im Sturm wird ihm Gottesbegegnung zuteil, sondern in der „Stimme verschwebenden Schweigens" (Martin Buber). Gottesbegegnung, die den vom Boten belebten Elia nun seinerseits zum Boten macht; ihn neu in den Dienst nimmt und zu den Menschen sendet.

Neben den hier vorgestellten Engelerzählungen kennt das Alte Testament auch solche, in denen Engel die wunderbare Geburt eines Retterkindes ankündigen. Eines Kindes, das nicht nur die persönliche Not einer kinderlos gebliebenen Frau beendet, sondern die Not einer ganzen Sippe, ja sogar ganz Israels wendet.

Das geheimnisvolle Geschehen um die Geburt des Simon, das im 14. Kapitel des Richterbuches erzählt wird, lenkt unseren Blick direkt zu den Engeln, die im Leben Jesu und der neutestamentlichen Gemeinde deutend, helfend und tröstend anwesend sind.

Nur noch hinweisen möchte ich an dieser Stelle auf die Gestalt Raphaels, des Urbildes aller Schutzengel in der christlichen Engelüberlieferung. Es gibt wohl kaum eine Gestalt, die so wie Raphael Maler und Dichter inspiriert hat, Gottes liebevolle Sorge auch für den kleinen Alltag seiner Menschen auszudrücken.

Wir können geradezu sagen, daß die neutestamentlichen Schriftsteller in den Engelerzählungen des Alten Testaments das „Material" gefunden haben, mit dessen Hilfe sie nun Gottes Heilshandeln in ihrer Zeit beschreiben.

Engel im Leben Jesu

Immer schon war es der Engel, der die wunderbare Geburt des Retterkindes ankündigte – wie kann es nun anders sein? Wie sollte der Engel fehlen, da es nun um das Kind geht, in dem Gott sein Heil der ganzen Welt unwiderruflich zusagen will?

Selbstverständlich ist er da im Leben Jesu: Er verkündet sein erlösendes Kommen aus Maria, der Jungfrau, in unsere Zeit. Er beschwichtigt mit seinem Wort die Not des an Mariens Treue verzweifelnden Josef.

Mehr noch: Engel erhellen die Nacht der Geburt dieses Retterkindes und verkünden den Hirten das Heil. Und ein Engel bewirkt durch sein weckendes, mahnendes Wort die Rettung des Kindes vor der widergöttlichen Macht menschlicher Berechnung.

Leise und unaufdringlich bleiben Engel anwesend im Leben Jesu unter den Menschen:

Ihm dienend in der Wüste, als er den Kampf um die Versuchung zu irdischer Macht und Größe bestand. Ihn tröstend und stärkend, als er am Ölberg um das reine Ja zum „Willen des Vaters" rang.

Leise und unaufdringlich spricht Jesus selbst von der Wirklichkeit der Engel in seinem und unserem Leben. Er verweist dem Petrus das Schwertziehen mit dem Hinweis auf die „mehr als zwölf Legionen Engel", die der Vater senden würde, wenn Jesus ihn bäte…

Und er schenkt uns das ermutigende Wort von dem Engel, den Gott einem jeden Menschen zugesellt, den Engeln, die „allezeit das Antlitz des Vaters im Himmel sehen". Dieses, zunächst ein Schutzwort den Kindern zugesprochen, beschränkt sich doch nicht auf diese. Wir dürfen Jesu Wort vertrauen: Gott selbst hat uns mit unserem Engel verbunden in einer tiefen, unauflöslichen Gemeinschaft, zu unserem Heil.

Aber auch vom „Engel des Gerichtes" spricht Jesus, der mit gewaltigem Posaunenschall die Auserwählten von den vier Enden der Erde rufen wird am Tag, da die Zeit sich vollendet.

Mittlerer Engel der Nordkappe

Engel in der neutestamentlichen Gemeinde

Und wie im Leben Jesu sind Engel da im Leben der neutestamentlichen Gemeinde als gute Mächte, helfend, mahnend und tröstend.

Sie deuten den angstvollen Frauen am Grab und den Jüngern das Geschehen der Auferstehung und bereiten ihre Herzen zur Begegnung mit dem Auferstandenen.

Sie ermutigen die zaudernden Jünger, von unfruchtbarer Rückschau zu lassen und Zeugen Jesu zu werden „bis an das Ende der Erde". Und die Apostelgeschichte spricht immer wieder davon, wie Gott durch seinen Engel rettend eingreift in das Leben der Zeugen Jesu.

Nicht zu übersehen sind die vielen Stellen in den neutestamentlichen Briefen, in denen von Engeln und Geistmächten die Rede ist. Sie alle bezeugen die „Anwesenheit" der Engel im Leben der Christen.

Die Aussagen der verschiedensten Texte über Engel entsprechen wohl sehr konkreten Fragen und Erfahrungen der frühen Gemeinden. Wenn wir aufmerksam hinhören, können sie zugleich Schlüssel und Maßstab für unsere Begegnung mit Engeln in Bild und Wort – und vielleicht sogar im Raum des eigenen Herzens – werden.

Den wichtigsten Text, der dem Engel seinen eindeutigen Rang zuweist, sei hier zitiert:

> *Christus ist das Bild des unsichtbaren Gottes,*
> *der Erstgeborene vor aller Schöpfung.*
> *Denn in ihm ist alles erschaffen,*
> *im Himmel und auf Erden,*
> *das Sichtbare und das Unsichtbare,*
> *Throne oder Hoheiten oder Herrschaften oder Gewalten:*
> *Alles ist erschaffen durch ihn und auf ihn hin.*
> *Und er ist vor allem,*
> *und alles hat in ihm Bestand.*
>
> *Kolosserbrief 1, 15-17*

Mit dieser Umschreibung der himmlischen Geistmächte im Kolosserbrief wenden wir unsere Aufmerksamkeit von den „Engeln für den Menschen", die ihm helfend, mahnend und tröstend nahe sind, den großen, ja erschreckend herrlichen himmlischen Wesen zu, die ihren Wirkungsort nicht mehr in unserer Alltagserfahrung haben.
Ein Text aus dem Buch Daniel, in dem noch der Schrecken des Sehers über die Begegnung mit der Mächtigkeit des Engels nachzittert, bringt uns die Gestalt des Deuteengels nahe:

... da hörte ich eine Menschenstimme über dem Ulai, die rief: Gabriel, deute diesem da die Schauung! Da kam er dorthin, wo ich stand. Bei seiner Annäherung erfaßte mich ein solcher Schrecken, daß ich auf mein Angesicht fiel... Da berührte er mich und richtete mich wieder auf.
Als ich nun meine Augen erhob, siehe, da schaute ich: Ein Mann, der war in Linnen gekleidet; seine Lenden waren mit reinstem Gold gegürtet. Sein Körper leuchtete wie ein Edelstein, sein Antlitz wie ein Blitzstrahl und seine Augen wie Feuerbrände. Und der Klang seiner Rede war wie das Tosen einer Volksmenge.
Daniel 8, 6-18; 10, 5-6

Dieser Gabriel deutet dem Seher den Sinn der gewaltigen Vision, in die er hineingenommen ist. Er gibt ihm einen Durchblick durch die Wirrnisse der Geschichte seiner Zeit auf jene von den Völkern der Erde ersehnte Friedenszeit hin, wenn das Reich Gottes zum weit einladenden Baum herangewachsen ist, dessen Schatten Frieden bedeutet.

Engel um Gottes Thron

Der gewaltige Deuteengel, der dem Daniel erschien, führt uns nun hin zur Versammlung der Engelscharen um den „Thron Gottes".
In immer neuen Bildern offenbart sich der Gott der Bibel den Sehern und Propheten, um sie auszurüsten und zu stärken für das ihnen zugemutete und zugetraute Amt des Wachens und Mahnens, des Strafens und Tröstens.

Nördlicher Engel der Westkappe

Mit solchen biblischen Visionen, in denen Engel und gewaltige Geistwesen gleich einem lebendigen Licht- und Farbenmeer die unschaubare Herrlichkeit Gottes anschaubar machen, verbinden sich neben Daniel die Namen der Propheten Jesaja und Ezechiel und der des neutestamentlichen Sehers Johannes.

Eins ist all diesen Berichten gemeinsam: Die Begegnung mit Gottes Herrlichkeit in der visionären Schau nimmt den Menschen in Dienst, macht ihn zum Boten Gottes. Das wird besonders deutlich in der folgenden Berufungsgeschichte des Propheten Jesaja:

Im Todesjahr des Königs Usija sah ich den Herrn, Jahwe, auf einem hohen und erhabenen Thron sitzen; seine Schleppe erfüllte das Heiligtum.

Seraphe standen vor ihm; jeder hatte sechs Flügel. Mit zweien bedeckte er sein Angesicht, mit zweien bedeckte er seine Füße und mit zweien schwebte er. Und immerfort rief einer dem anderen zu: Heilig, heilig, heilig ist Jahwe Zebaot, die ganze Erde ist voll von seiner Herrlichkeit.

Von der Stimme der Rufenden erbebten die Grundfesten der Schwellen, und der Tempel füllte sich mit Rauch. Da sprach ich: Weh mir, ich bin verloren. Denn ich bin ein Mann mit unreinen Lippen und wohne unter einem Volk mit unreinen Lippen, und meine Augen haben den König, Jahwe Zebaot, geschaut. Da schwebte einer der Seraphim auf mich zu, eine Glühkohle in der Hand, die er mit der Zange vom Altar genommen hatte. Er berührte damit meinen Mund und sprach: Siehe, dies hat deine Lippen berührt. Deine Schuld ist hinweggenommen und deine Sünde getilgt.

Dann hörte ich die Stimme des Herrn, der sprach: Wen soll ich senden? Wer wird für uns gehen? Da antwortete ich: Hier bin ich, sende mich! Und er sprach: Geh hin und verkünde ...

Jesaja 6, 1-9

Diese Seraphim, glühend in liebender Anbetung, von denen Jesaja hier spricht, und die geheimnisvollen Kerubim, die der Prophet Ezechiel schaut, sind nicht mehr „Boten". Die spätbiblische und frühchristliche Überlieferung kennt sie als Welt-Hüter, Bewacher des Weges zum Paradies, auch als Träger des Gottesthrones.

Sie treten hervor aus dem überhellen Glanz des Herrn der Herrlichkeit und bilden gleichsam eine Schutzzone für die Sehnsucht des Menschen, Gott nahen zu dürfen, damit Gottes verzehrende Heiligkeit den Menschen nicht versehre.

Sie sind Wesen, die das Herz erschüttern und die Gewißheit des Verlorenseins vor der unerträglichen Heiligkeit und unauslotbaren Tiefe der Gottheit im Menschen wachrufen. Und sie antworten unserem „Weh mir, ich bin ein Mensch mit unreinen Lippen" nicht beschönigend, sondern mit der „glühenden Kohle". Aber dann, wenn die glühende Kohle unsere Lippen berührt hat, können wir mit unserem ganzen Wesen – nicht bloß mit den Lippen! – einstimmen in das „Heilig ist der Herr!".

Eine Spur solcher Erfahrung ist aufgehoben im Sanctus-Gesang unserer Eucharistiefeier. Je und dann mag sie unser Bewußtsein mit einem Schauer der Ehrfurcht anrühren. Dann öffnet sich für einen Augenblick der „Himmel", und wir wissen uns hineingenommen in die Enthobenheit der großen Liturgie, die Menschen und Engel zusammenschließt im unaufhörlichen Lob Gottes und des Lammes.

Der Seher Johannes stellt uns diese Wirklichkeit vor Augen, wenn er schreibt:

Und ich sah und ich hörte die Stimme vieler Engel. Sie standen rings um den Thron und die Ältesten und die vier Wesen; und sie fielen nieder auf ihr Angesicht und beteten Gott an und das Lamm und sprachen: Amen, Lob und Preis und Weisheit und Dank und Ehre und Macht und Kraft sei unserem Gott von Ewigkeit zu Ewigkeit. Amen!

nach Offenbarung, Kp 6

Die Marienberger Krypta

Dieser lange Weg von Bildkreis zu Bildkreis der biblischen Engelerzählungen hat uns gleichsam vor die „Tür" zu den Bildern der Marienberger Krypta geführt.

Vielleicht ist uns dabei bewußt geworden, wie sich die uralten Bildgeschichten der Bibel nur dem geduldigen Lauschen und Schauen öffnen. Solches geduldige Lauschen und Schauen ist auch der Weg, auf dem sich uns die Bilder der Marienberger Krypta erschließen.

Diese Krypta, das alte Oratorium der Mönche – also eigentlich die Herzmitte des Klosters –, durchwebt immer noch ein inniger Glanz der Erlöstheit. Auch die Schäden, welche Zeit und menschlicher Unverstand dem Raum zufügten, konnten den Glanz nicht auslöschen.

Das ist ein Raum, der dem suchenden Menschen Herberge sein möchte auf dem Weg zu Gott; der zum Verweilen einladet, zum Ausruhen im Angesicht des Ewigen.

Ein Raum auch, der dem Verweilenden zusagt: Du bist nicht allein auf deinem Weg durch die Welt. Du bist geleitet, umfangen und getragen von der sichtbaren und unsichtbaren geschwisterlichen Gemeinde, die dir gleichsam die Hände entgegenstreckt und dich – so Zeit und Ewigkeit miteinander verbindend – hinführt zur Erfahrung der Gemeinschaft der Heiligen.

Die Krypta ist also nicht eine Art „Museum", in dem die religiöse Welterfahrung und Deutung vergangener Zeiten uns späten Nachfahren konserviert dargeboten wird. Sie ist vielmehr zuerst und zutiefst Ort der Begegnung mit dem Heiligen. Davon, und nur davon, will ihre Gestaltung, die Gebet in Farbe ist, Zeugnis geben. Damit wir dieses Zeugnis leichter verstehen können, ist es wichtig, uns daran zu erinnern, daß die Sprache des Glaubens vom Symbol lebt.

Was den mittelalterlichen Menschen, die diesen Bildraum gestalteten und mit ihm lebten, selbstverständliche Ausdrucksform war, ist vielen von uns zur Fremdsprache geworden. Das ist eine Tatsache, die nicht selten zu Mißverständnissen religiöser Zeugnisse in Bild und Wort führt und zur Resignation vor dem Unverstandenen.

Darum wird es gut sein, wenn wir noch eine kleine Weile „vor der Tür" innehalten und uns das „Abc" der Farbsymbolik und der Engelattribute anschauen.

Zur Farbsymbolik

Die christlich-sakrale Farbsymbolik, deren Wurzeln in der antiken Welterfahrung hier nicht aufgedeckt werden können, lebt von der Voraussetzung, daß alle Farben aus dem Weiß, als ihrem Ursprung, hervortreten. Je mehr sie sich vom Weiß entfernen, desto farbiger, je mehr sie sich dem Schwarz, dem „Tod der Farben", nähern, desto dunkler und trüber werden sie.

Weiß symbolisiert seit Urzeiten das Licht und so alle ursprüngliche Schöpfer- und Lebensmacht. Und wo Gottheit Licht ist, haben alle ihre Erscheinungsweisen Lichtcharakter.

Darum schauen die biblischen Seher die Gottheit in weißleuchtendem Mantel, mit weißem Haar. Das gilt auch von dem Bild des „ewigen Christus" in der Offenbarung des Johannes, das von leuchtendem Weiß bestimmt ist. Auch die Engel und die Seligen um den Thron Gottes tragen weiße Gewänder, denn sie haben teil an der Lichtherrlichkeit Gottes.

Dem Weiß steht als verneinende, verschlingende Macht das *Schwarz* der Finsternis gegenüber. Wie Weiß, so ist auch Schwarz keine eigentliche Farbe. Es bedeutet Abwesenheit oder Tod aller Farben und damit zugleich all dessen, was Farben symbolisieren oder auch heilend bewirken. Schwarz spricht vom totalen Mangel, vom völligen Erlöschen des Lebens.

Neben dem Weiß des Urlichtes steht als erste Farbe das *Rot*. In den Visionen der Seher erscheint die Gottheit weißleuchtend, umgeben von einem roten Schein.

Weiß deutet dann in der Symbolsprache das Geistfeuer. Rot die unerschöpfliche Lebenskraft der Gottheit. Doch wie jede Farbe ist auch das Rot ambivalent. Es kann sowohl göttliche Lebenskraft und Heiligen Geist symbolisieren als auch die Erde und sogar die Unterwelt und ihre vernichtenden Gewalten.

Blau scheint zu allen Zeiten Farbsymbol für das Geistige, Erhabene, Ferne gewesen zu sein. Im Rahmen christlich-sakraler Darstellungen steht Blau für himmlischen Ursprung, den Gottesfrieden, das Paradies, die Weisheit.

In den Visionen des Jesaja und des Ezechiel leuchtet der Thron Gottes saphirblau. Engel mit blauen Gewändern zeichnen sich durch besondere Gottesnähe aus.

Die zwischen Rot und Blau liegenden *Purpurfarben* bekommen ihre symbolische Bedeutung einerseits von der biblisch-kultischen Farbsymbolik, andererseits aus der Herrschersymbolik der Antike. Göttliche Weltherrschaft drückt sich im Purpurrot aus, und Purpurblau symbolisiert das Universale Priestertum der Gottheit.

Grün scheint in der alttestamentlich-kultischen Farbsymbolik eher negativ bedeutsam. Im Farbkanon der christlichen Symbolik taucht es relativ spät als positive Farbe auf. Als „Paradiesfarbe" wurde Grün zum Symbol seligen Lebens, auch der Auferstehung und der Wiedergeburt.
In den frühchristlichen Schriften der Kirchenväter und der mittelalterlichen Symboltheologie wird Grün zur Farbe der Hoffnung, des unerschütterlichen Glaubens und des Lebens.

*Gold*farben stehen neben dem reinen Weiß als Symbol des göttlichen Bereiches schlechthin. Sie deuten auch alles Reine und Edle.
Als Ersatzfarbe für Gold gewann *Gelb* im symbolischen Farbkanon eine positive Bedeutung.

Engel-Attribute

Lange bevor Künstler geflügelte Engel darstellen, leben sie im Denken der Christen. Schon Tertullian schreibt um die Mitte des 2. Jahrhunderts, daß jedes Geistwesen Flügel habe. Solche Denk- und Darstellungsweisen können sich nicht auf biblische Engelvorstellungen berufen. Die Engel der Bibel „brauchen keine Flügel" (Klaus Westermann).

Im Bereich der Symbolsprache und der Attribute haben die Flügel auch nicht die Bedeutung von Fortbewegungsmitteln. Sie symbolisieren nach den Aussagen der mittelalterlichen Symboltheologen die Erhabenheit des Engels und seine Unverfügbarkeit.

Die Farbgebung kann etwas aussagen über die Nähe des Engelwesens zu Gott und auch über den besonderen Dienst, der diesem Engel aufgetragen ist.

So können regenbogenfarbige Flügel die Versöhnung aller Widersprüche symbolisieren und dem Friedensengel zugehören.

Nacht- und Todesengel, die als Wesen der Ruhe, der Bergung und Heimholung verstanden sind, haben oft dunkelleuchtende Flügel.

Die ersten Darstellungen geflügelter Engel tauchen in der christlichen Kunst um die Wende vom 4. zum 5. Jahrhundert auf. In dieser Zeit bekommen die Engel auch einen Nimbus. Diese Lichtattribute sind zuerst weiß- oder goldfarben, später dann auch blau oder rot.

In der Folgezeit begegnen Engelgestaltungen mit Boten- oder Kreuzstäben. Auch das „Labarum" (kleine Fahne/Banner) wird als himmlisches Siegeszeichen besonders Michael oder Gabriel in die Hand gegeben.

Wir können davon ausgehen, daß die Dinge, die Engel in Händen tragen, beinahe immer ihren Auftrag symbolisieren.

Die Gewänder der Engel weisen sie in Art und Farbe als Priester aus oder auch als „himmlischen Hofstaat". Hier spiegelt sich besonders schön die antike und auch mittelalterliche Sitte, daß die Angehörigen eines Herrscherhofes die „Farben ihres Herrn" tragen.

Vierter Engel aus dem Gewölbescheitel der Westkappe

Vom Schauen zum Angeschaut-Sein

Eine Botschaft zu verstehen setzt Bereitschaft zu genauem Hören und Sehen voraus. Das gilt auch für die Botschaft, die sich uns in Bildern zusagen will. Schon in früher Zeit zeigt sich in der malerischen Gestaltung der Gewölbe christlicher Kirchen, daß diese architektonische Zone nicht sosehr den Abschluß des Raumes bilden will, sondern als Himmelszelt verstanden wird oder gar als in die himmlische Wirklichkeit hinein sich öffnender Raum.
Hinter solcher Raumgestaltung steht der Gedanke, daß allen irdischen Erscheinungen himmlische Urbilder entsprechen. Und vor diesem Hintergrund ist es dann fast selbstverständlich, daß auch der Herzraum des Klosters von den Mönchen mit Bildern ausgemalt wird, welche der ureigensten Aufgabe der Mönchsgemeinde – nämlich „Gott suchen" und ihn in der Feier der Liturgie verherrlichen – am ehesten entsprechen: mit einer Darstellung der „himmlischen Liturgie".
Wer offenen Sinnes die Krypta betritt, wird sich dem Eindruck, geradezu erwartet zu sein, kaum entziehen können. Die Engelgestaltungen, die uns hier begegnen, sind herausgetreten aus dem unzugängliche Ferne symbolisierenden Goldgrund der byzantinischen Zeit. Immer noch sind sie voller Hoheit und Kraft; doch nicht mehr schrecklich, sondern in ihrer anmutigen Schönheit wahre Engel der Menschen. Sie sind unsere „ersterschaffenen Brüder", liebende Boten Gottes, denen wir uns anvertrauen können.

Die Engeltrias des nördlichen Gewölbejochs nimmt nicht nur den Blick des Eintretenden gefangen. Sondern sie nimmt den Schauenden gleichsam hinein in die verhaltene Dynamik, mit der sie – wie fast alle Figuren im Raum – auf die nicht übersehbare Mitte der Krypta, die in der Apsis über dem Altar thronende „Majestas Domini" hingeordnet ist. Wenn wir uns dieser Dynamik anvertrauen, werden wir verstehen, daß die Engel sich sozusagen nie selbst ein „Thema" sind. Sie sprechen nicht von sich, sondern ausschließlich von Gott

Südkappe des mittleren Gewölbejoches ▷

Hauptapsis

und von dem Dienst, der ihnen aufgetragen ist. Wenn Engel sich selbst zum Thema werden, sich verselbständigen und aus ihrer Beziehung zum lebendigen Gott herausfallen – so sagt uns die sich an der Bibel orientierende Überlieferung –, können sie zu den Menschen gefährdenden Mächten werden.

Lassen wir unseren Blick eine kleine Weile im Zentrum der Apsis, im Blick des thronenden Christus ruhen.
Ein gelbgoldener, dunkel gerahmter Nimbus umgibt sein Haupt. Ernst und milde zugleich wendet er sich dem Schauenden zu, die rechte Hand zum Segnen erhoben. Mit der Linken hält er das Buch, dessen aufgeschlagene Seiten keine Schriftzeichen tragen, wie auch die Schriftbänder der Engel unbeschrieben blieben.
Umleuchtet wird die Gestalt des Herrn vom Farbenspiel der Mandorla, das sich in immer neuen Nuancen im gesamten ausgemalten Raum wiederholt. Ihr grüner Kern wird von einem blauen Streifen umgeben, der wiederum von einem ganz schmalen, von Rotbraun nach Weiß hinspielenden Farbrand umschlossen wird. Wir dürfen annehmen, daß dem Maler die Schau des Propheten Ezechiel im Herzen brannte, als er mit seinen künstlerischen Mitteln dieses Bild gestaltete:

Da war etwas, das aussah wie Saphirstein und einem Thron glich, und eine Erscheinung, die das Aussehen eines Menschen hatte. Und ich sah es funkeln wie Glanzerz, wie Feuer mit einem Lichtglanz ringsumher. Wie die Erscheinung des Bogens, der in den Wolken steht am Tag des Regens, so war die Erscheinung des Lichtglanzes. So sah das Schaubild der Herrlichkeit Jahwes aus.
Ezechiel 1, 26-28

Thron und Fußschemel Christi bilden zwei Segmentbögen, die aus gelben Tafeln zusammengesetzt sind. Jede ist mit fünf Edelsteinen geschmückt. Die rotfarbene Tunika und der helle Mantel tragen zarte weiße Bortenornamente. Diese Ornamente sind auch an den Gewändern der Thronassistenz und der Engel zu finden.

Ehe wir uns der Thronassistenz zuwenden, noch ein Wort zur Flächengestaltung des Apsisraumes. Es fällt ja auf, wie sehr dieser Raum von farbigen Streifen gegliedert wird, die in ihrer Farbgebung genau der Mandorla entsprechen. Diese Streifen symbolisieren die Zonen Erde, Luft und Himmel und weisen damit den Gestalten, welche die Apsis rings um den Thron beleben, eine gewisse Rangordnung zu.

Einen ausgezeichneten Platz haben die beiden Engelwesen, die mit ihren Flügelspitzen gleichsam in die Feuerzone der Herrlichkeit des Herrn hineinragen. Sie stehen hier stellvertretend für die Thronwesen, die von den Propheten Jesaja und Ezechiel geschaut wurden. Nach biblischer und frühchristlicher Überlieferung sind sie die „Person gewordene Glut jenes Feuerhimmels, der Gott wie eine Aura umgibt". Vielleicht ist es wichtig zu bedenken, daß die „Feuerschlangen" in der Wüste, die das gegen Mose und Jahwe murrende Volk Israel tödlich bedrohen und die das „Dreimal-heilig" singenden Thronwesen den gleichen Namen tragen: „saraph" = „Brennende"!
Solche Namensgleichheit symbolisiert die Ambivalenz menschlicher Gotteserfahrung. Wer sich dem Gottesfeuer anmaßend nähert, den verzehrt es. Wo sich der Mensch in Demut und Anbetung naht, wird ihm Erleuchtung und Seligkeit zuteil.

Etwas unterhalb der Seraphim stehen links und rechts des Thrones zwei Engelgestalten, die unbeschriebene Schriftbänder tragen. Mit Nimbus, Kopf und Flügelspitzen ragen auch sie noch in die „Himmelswelt" hinein.
Ihnen um weniges nachgeordnet haben die Apostelgestalten, die sich durch ihre Attribute – Schlüssel und Buch – als Petrus und Paulus ausweisen, ihren Platz am Thron des Herrn. Auch sie, die Patrone des Apsisaltares, ragen mit dem Haupt noch in den himmlischen Bereich.
Schließlich finden sich auf der untersten Ebene des durch die Farbstreifen gegliederten Raumes die Symbole der vier Evangelisten. Daß ihnen die Erde, der Lebensraum der Menschen – der Maler hat sie durch liebevoll stilisierte

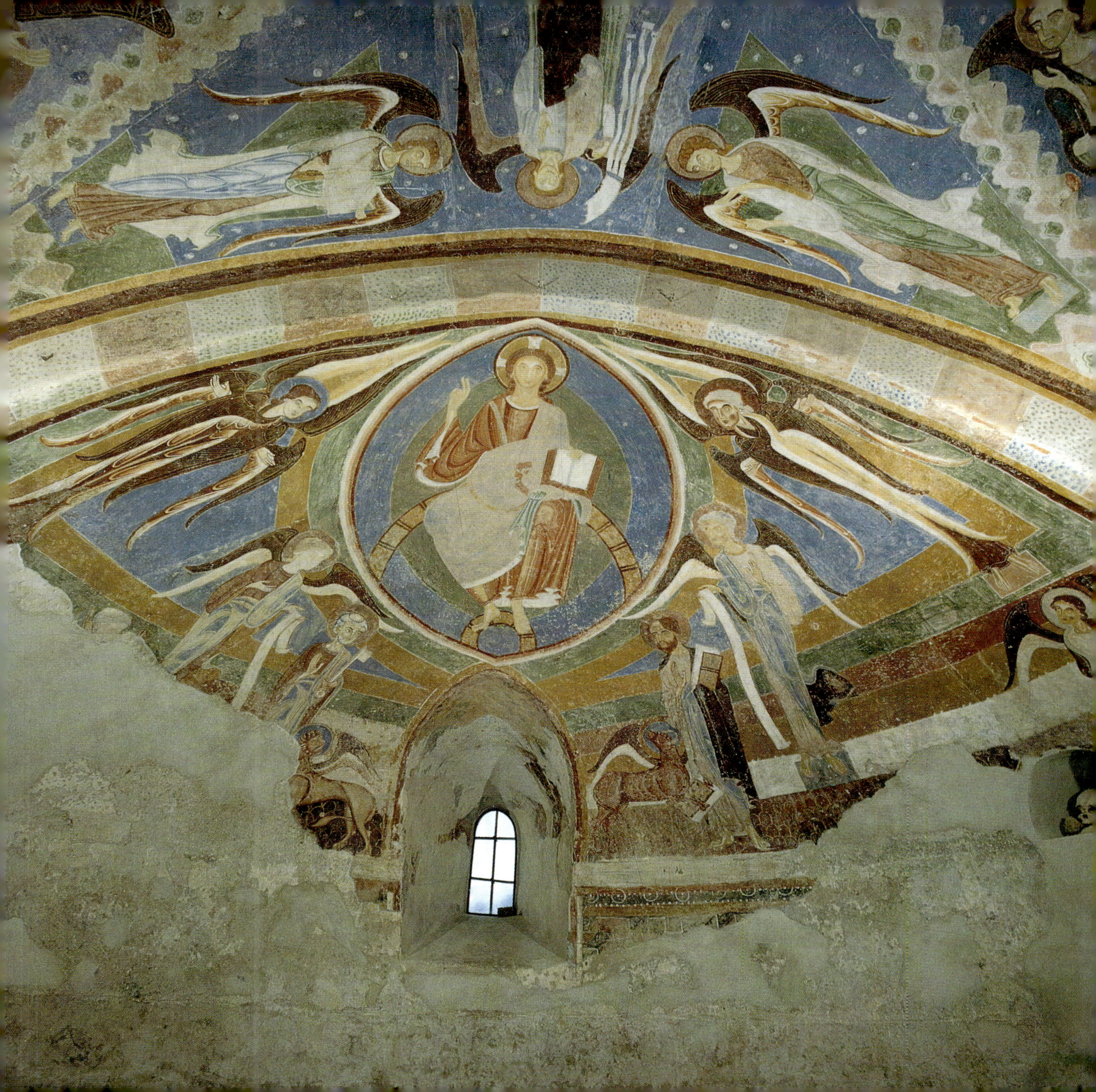

Responsorium

O Engel,
die ihr hütet die Völker,
deren Bild
in eurem Antlitz erstrahlt,
ihr Erzengel, die Seelen
der Gerechten nehmt ihr auf,
ihr Kräfte und Mächte,
ihr Fürsten, Herrschaften,
Throne,
geeint im
Geheimnis der Fünfzahl,
ihr Kerubim und Seraphim,
ihr Siegel
von Gottes Geheimnis,
Lob sei euch,
ihr erblicket am Quell
den Ort des ewigen Herzens.

Seite 35:
Majestas Domini in der Hauptapsis

Denn so wie ein Antlitz
erschaut
ihr die innerste Kraft,
die dem Herzen
des Vaters entströmt.

Lob sei euch,
ihr erblicket am Quell
den Ort des ewigen Herzens.

    Hildegard von Bingen

Zwei sechsflüglige Seraphim

Pflänzchen ausgezeichnet –, als Standort zugewiesen wird, ist eine Besonderheit, die sich so nur hier in Marienberg findet. Sie steht geradezu im Widerspruch zur biblischen Überlieferung und auch zur malerischen Tradition des Mittelalters, die diesen Gestaltungen symbolischer Zusammenschau von alt- und neutestamentlichen Thronwesen einen Platz in der Lichtglorie der Mandorla zuweist.

Der Apsissockel war ursprünglich vielleicht figürlich der gegenüberliegenden Wand entsprechend gestaltet. Die spärlichen erhaltenen Reste erlauben aber kaum mehr als ein Spiel der Phantasie, das sich aus anderen, ähnlich gestalteten zeitgenössischen Sakralräumen nährt.
Dann ließe sich die Wandfläche mit der Mönchsgemeinde bevölkern, die zur Zeit des Marienberger Malers in diesem Raum im „Angesicht der Engel" Gott ihr Lob darbrachte. Daß diese Mönchsgemeinde sich nicht nur als lebendiges Nachbild der Jerusalemer Urgemeinde verstand, sondern sich auch in engster Gemeinschaft mit dem „Himmlischen Jerusalem" stehend erlebte, sehen wir an der Gestaltung der Westwand.
Im gemalten Vorhang, der die Wand über der Sitzbank verdeckt, steht eine Mönchsgestalt. Durch den Schlüssel in der Hand ist sie als Pförtner ausgewiesen. Vielleicht soll sie eine den Lebensraum der Mönche hütende Symbolgestalt darstellen. Über dem bunten Mäanderband wird durch Säulen und Mauerzinnen das „Himmlische Jerusalem" angedeutet. In dem durch die Säulen und Mauern gegliederten Raum stehen jeweils Dreiergruppen von Engeln, die gemeinsam ein großes, wiederum leeres Schriftband tragen.

Inzwischen mag unser Herz immer wieder vorausgeeilt sein, um endlich die Versammlung der Engel im mittleren Gewölbejoch der Krypta zu betrachten. Der große Engel der Südkappe hatte uns ja empfangen und Augen und Herz zur Mitte, zur Christusgestalt, gewiesen. Von dieser Mitte her können wir nun den sich in die Tiefe der himmlischen Welt hinein öffnenden Raum betrachten. In seiner Farbgebung weist er sich als Erweiterung der Mandorla, als Raum der gegenwärtigen Herrlichkeit Gottes aus. Zugleich ist er aber auch

Westwand.
Himmlisches Jerusalem
mit gemaltem Vorhang

der uns vertraute Sternhimmel; göttlichen Schutz und Segen über dieser Erde symbolisierend.

Sicher war dem mönchischen Maler die Symbolik der Dreizahl vertraut. So mag hinter den Dreiergruppen, die jeweils in einer Gewölbekappe anwesend sind, manche uns nicht mehr zuhandene Engelerzählung der Überlieferung stehen. Wir dürfen darin aber auch die Erinnerung an die Engeltrias erkennen, in der Gott dem Abraham erschien. Wohl auch die Trias der drei mächtigen Urengel Michael, Gabriel und Raphael.

Nur in der Westkappe sind vier Engel versammelt. Der vierte wächst gleichsam aus einer Wolkenrosette im Gewölbescheitel in den Raum hinein. Er als einziger scheint ein „Engel ohne Auftrag" zu sein. Staunend und mit unsagbarer Innigkeit im Anblick seines Herrn versunken, ist er ganz Anbetung und Lob. Er hat sich selbst in Gott hinein vergessen.

Bis auf den westlichen Engel in der Nordkappe – wir werden noch über ihn nachdenken – wenden alle Engel ihr Antlitz mit gesammelter Aufmerksamkeit dem thronenden Christus zu. Auf ihn hin, so sagt die Bibel, sind sie erschaffen, in ihm haben sie ihr Sein.

Daß dieses In-Christus-Sein nichts Statisches ist, sondern eine unvorstellbar dynamische Weise des Lebens meint, haben die Maler dieser Engelversammlung vor dem Herrn verstanden und zum Ausdruck gebracht.

Noch zittern die Schwingen der Engel gleichsam von der Geisteskraft, die sie bewegte, vor der Majestas Domini zu erscheinen. Noch flattern ihre Gewänder im Wind der Weiten, aus denen sie kommen. Und doch ist zugleich schon eine große Ruhe in ihnen. Fließt, einem unsichtbaren Strom gleich, von Flügelspitze zu Flügelspitze, teilt sich der fragenden, empfangenden Gebärde der Hand mit, sammelt sich in der liebenden Aufmerksamkeit des Antlitzes – und wird Bereitschaft zu neuem Auftrag, zum Heilsdienst an der Welt.

Man kann sich fast vorstellen, daß hinter ihnen aus der sich ins Unendliche verlierenden sternbesäten Ferne schon andere Engelscharen herandrängen, von gleicher Aufmerksamkeit, gleicher Glut zu liebendem Dienst beseelt.

Mittleres Gewölbejoch ▷

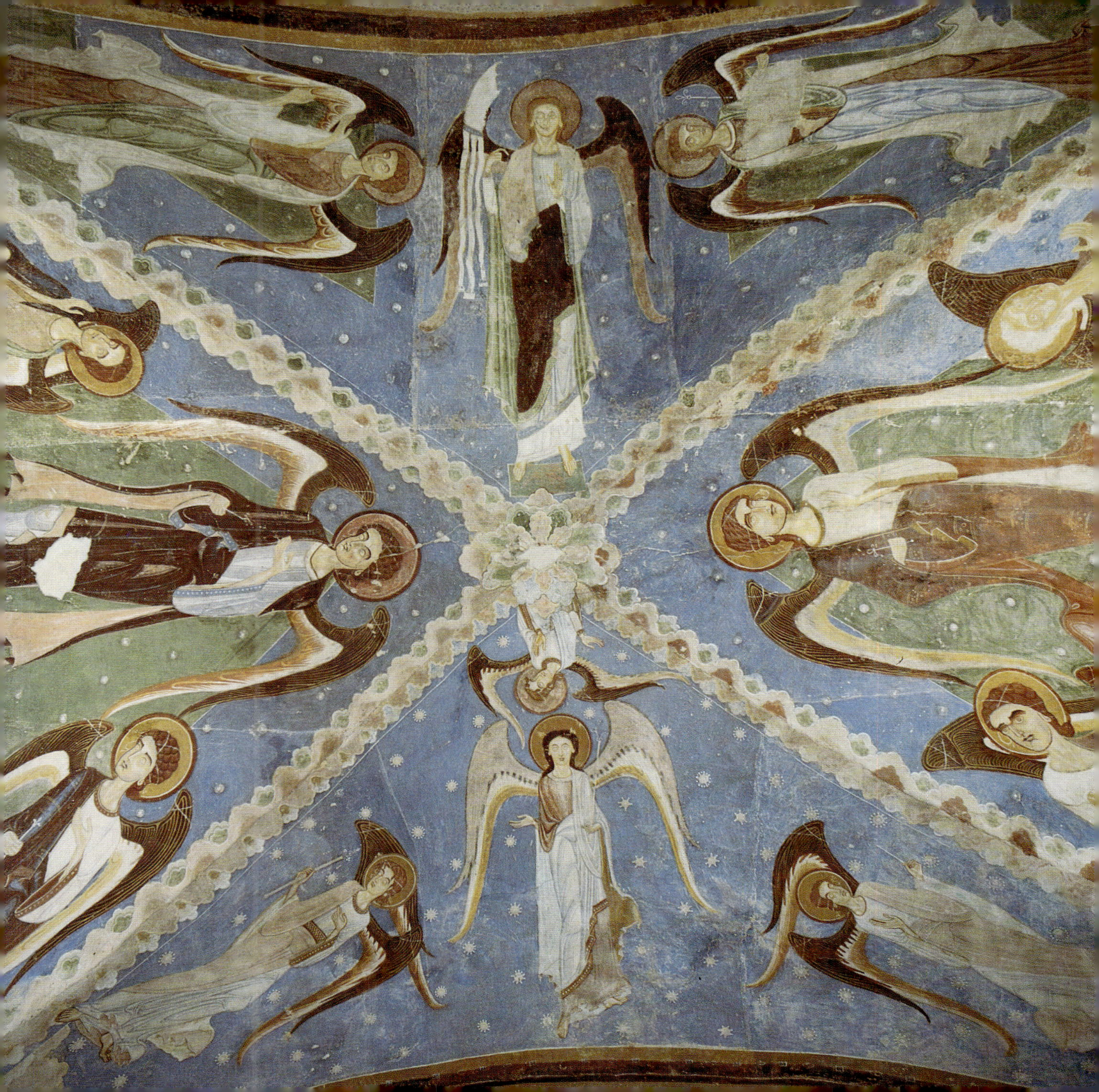

Und der eine Engel, der allein sein Antlitz wegwendet und dessen Hand in Brusthöhe Abwehr anzudeuten scheint? Den allein nicht ernsthafte Heiterkeit und verhaltene Glut der Liebe zu erfüllen scheint und Freude am Dienst? Dessen Gebärde von Verstörung spricht, ja vielleicht von Angst vor dem Auftrag, der ihm zuteil ward?
Wohl könnte es sein, daß sich in dieser Engelgestaltung das Wissen ausspricht, daß es Not und Gefährdung gibt im menschlichen Leben, wo die leise Stimme und die behutsame Hand des Engels nichts mehr auszurichten vermögen. Wo er nur noch in Treue daneben stehen kann, um das versehrte Menschenherz, das seiner Obhut anvertraut ist, dem Gott vor Augen zu halten, der ihn zum Hüter dieses Menschenlebens bestellt hat.
Da hat das Wort Jesu vom „Engel für den Menschen", der allezeit stellvertretend für „seinen Menschen" vor dem Antlitz des Vaters steht, seinen Ort. Der Engel bleibt Gefährte des Menschen, in reiner Treue all seine Wege mitgehend, aber er achtet – wie Gott – die Freiheit des Menschen.
Da öffnet sich ein schmaler Spalt, der uns einen Blick tun läßt in das Geheimnis der Freundschaft Gottes zu uns, die sich im Engel verdichtet. Sie will noch dem Einsamsten und Schuldigsten Gemeinschaft schenken und ihn aus allen Abgründen seiner Verlorenheit heim-suchen.

Herausgehoben sind durch die Art der Darstellung auch die mittleren Engel in der Ost- und Westkappe des Gewölbes. Farbgebung und Stellung in der Gesamtkomposition des Bildraumes geben uns das Recht, in ihnen Gabriel und Michael zu erkennen. In der weit zurückreichenden Engelüberlieferung christlich-jüdischer Glaubenstradition und ihrer Symbolsprache ist Michael der Engel des Lebensendes, der den Menschen schützend durch das Tor des Todes geleitet. Gabriel aber ist der, dem alle Anfänge, auch Zeugung und Geburt anvertraut sind.

So bekommen sie in den alten Kirchen der Christenheit ihren Platz jeweils im Ost- oder Westchor. Gabriel als Bringer des Lichtes im Osten und Michael als

Detail des westlichen Engels der Nordkappe

Engel Gabriel in der Ostkappe

Hüter des Lebens gegen die hereindringenden Mächte der Finsternis im Westen.

Dieser alten Symbolik entspricht ihr Platz in der Engelversammlung, die wir hier betrachten. Auch die Farbgebung der Nimben und Gewänder beider Engel erlaubt uns, bei dieser Deutung zu bleiben. Gabriel, als dem Lebenserwecker und Hüter alles Wachsenden und Reifenden, ist das Rot zugeordnet. Es bestimmt Gewand und Schwingen. In der Hand trägt er nicht den Botenstab, auch nicht das ihn sonst kennzeichnende Lilienzepter, sondern das „Labarum", das himmlische Siegesbanner. Die Symboltradition bringt den Engel in nahe Verbindung zu den Seraphim und Kerubim, den in Liebe glühenden, Gottes Herrlichkeit in die Welt hinein verströmenden Wesen.

Gabriel gegenüber steht in der Westkappe der durch die Farbgebung des blauweißen Mantels und der überhellen Flügel als eine Michaelsgestaltung anzusehende Engel. Blau, Weiß und Gold symbolisieren ja das Göttlich-Sieghafte und die himmlisch-geistige Welt. Zugleich aber auch den Kosmos, den Geister-erfüllten Luftraum, die Wasser- und die Totenwelt. All diesen Räumen und Kräften ordnet die alte Überlieferung Michael zu, als die Frieden stiftende, Ordnung schaffende, Leben bewahrende und aus dem Tod rettende Macht. So wird Michael zum eigentlichen Symbol Gottes, des Allherrschers.

Von den vielen Möglichkeiten, die Engelgruppierungen des Gewölbequadrums zu deuten, soll hier nur noch eine vorgestellt sein. Sie ergibt sich aus dem Zusammenspiel der Symbolik von Quadrat und Vierzahl.

Im Quadrat wird ja die Vierzahl begreifbar als Symbol des Kosmos, der im Zusammenspiel der vier Elemente Bestand hat. Daß dieses Quadrat durch die stilisierten Wolkenbänder in vier Dreiecke aufgeteilt wird, gibt dem kosmischen Raum nicht nur eine ordnende Gliederung, sondern verweist den Schauenden auch auf das Geheimnis der Trinität, das sich ja auch – wie wir schon sahen – in den Dreiergruppen der Engel ausdrückt.

Im Gesamt der Komposition heben sich die vier einander gegenüberstehenden Mittelengel heraus. Sie repräsentieren die vier Urengel, durch deren Dasein die „Gottesherrlichkeit wie durch reflektierende Spiegel nach den vier Weltgegenden ausstrahlt" und sie erfüllt.

Weit zurück reicht die Überlieferung, die diesen vier Urengeln ihre Namen gab.

Im außerbiblischen „Henochbuch" sagt der Friedensengel dem fragenden Henoch in einer Vision, daß Michael der „Sanftmütige und Barmherzige" sei, Raphael „alle Krankheiten und Wunden der Menschenkinder zu heilen vermöge", Gabriel den „Kräften des Lebens vorstehe" und Uriel „über die Buße und Hoffnung der Erben des ewigen Lebens gesetzt ist". Diesen „Vier Engeln des Angesichts" – so bezeichnet sie die alte rabbinische Tradition – ist als „Wächtern über das Weltganze" nicht nur das Schicksal des einzelnen Menschen und die Geschichte der Völker anvertraut. Sie werden auch die dunklen, widergöttlichen Mächte ihrer endgültigen Entmachtung zuführen.

Aus dieser Vierergruppe ist den Christen der westlichen Kirchen nur noch Raphael vertraut, der liebenswürdige Begleiter des jungen Tobias, von dem das Buch Tobit erzählt. Alles, was auch heute Menschen mit dem Begriff vom Schutzengel verbinden, kommt da zur Sprache in einer Weise, die Augustinus sagen läßt, daß die Engel uns Sterbliche lieben in Barmherzigkeit und mit dem Wunsch, daß auch wir unsterblich und glückselig sein möchten.

Der vierte Engel, der dargestellt wird, ist fast ganz aus dem betenden und vertrauenden Gedächtnis der Christen des Westens geschwunden.

Dieser Uriel, das Urlicht Gottes verkörpernd, gilt, seinem Namen entsprechend, als Führer der Himmelslichter, die Menschen früherer Jahrhunderte als lebendige Geistwesen verstanden.

In der ostkirchlichen Überlieferung blieb Uriel der Engel der Buße und der Hoffnung; besonders den Gerechten des Alten Bundes zugeordnet.

Südlicher Engel
der Westkappe

Hymnus

Heil dem Tage, der unsre Tage krönt,
Tag des Sieges, da Christus auferstand,
Tag der Sonne, die alle Welt verklärt:
Tag des Christus.

Brüder werden Engel und Selige,
Christi Liebe eint sie verklärt im Licht,
und sie singen ihm, der als Sieger thront,
Freudenhymnen.

In die Chöre seliger Himmelslust
mischt die Kirche rings auf dem Erdenrund
tausendstimmig jauchzend den Jubelruf
„Halleluja"

                        Adam v. St. Viktor

Wo der Himmel im Alltag nistet
und der Alltag im Himmel geborgen ist

Große Bildgestaltungen einer Zeit sind immer auch Zeugen des Denkens und Fühlens, das im Herzen der Menschen, die solche Bilder hervorbrachten, beheimatet ist. Das gilt auch von der Bilderwelt, die sich uns in der Marienberger Krypta auftut.

Damit wir sie nicht zu einseitig mit unseren Augen sehen und deuten, möchte ich nun einladen, hineinzulauschen in das „Gespräch über Engel", das bekannte und unbekannt gebliebene Frauen und Männer jener Zeit führten. Es gibt uns Zeugnis von dem Geist, der den Malermönchen von Marienberg im 12. Jahrhundert gleichsam die Hand führte.

Ein Geist, der aus dem betenden, denkenden und zugleich dankenden Umgang mit der Bibel erwachsen ist und der der großen Auslegungstradition dieses „Buches der Bücher" entspricht.

Auch ohne einen Bibliothekskatalog, der uns genaue Auskunft gibt über die geistliche Kost, mit der die Mönche sich nährten, können wir annehmen, daß der folgende Text doch dem Duft und dem Geschmack dieser geistlichen Kost des Marienberger Malers nahekommt.

Vielleicht, wenn wir ihn fragen könnten, würde er so antworten:

>Des bin ich gewiß:
>Gott hat uns geschenkt,
>ihn mit den Engeln um seinen Thron
>ohn' Ende zu lieben und loben.
>Solches sagt nicht nur das Buch der Bücher;
>– ich höre und lese es Tag um Tag.
>
>Auch in den Schriften der alten Meister,
>– zu denen sich in dieser Zeit

nun Hildegard gesellt, die große Frau,
die ebenbürtig neben Meister Bernhard steht,
das wag' ich wohl zu sagen! –
ist zu lesen: Bedenke, wie du leben mußt,
da dir das Amt der Engel anvertraut.

Mit eignen Worten wüßt' ich kaum zu reden.
Doch merkte ich mir gut, was Bernhard schreibt:
Herrliche, machtvolle Geister sind ihm die Engel.
Selig, verbunden in Einheit und Frieden,
stehn sie in Freude vor Gottes Thron.
Geordnet in Chören nach Würde und Rang,
die ihnen der Schöpfer verliehn.

Schaut doch die Kerubim:
Wissen in Fülle gab ihnen der Weisheit Quelle,
Augen zu sein, denen der Weltlauf bekannt.
Sinnbild des Heiligen, der ganz Licht ist
und in dem keine Finsternis Raum hat;
der Gedanken des Friedens denkt
und dessen Herz voll Erbarmen
der Schöpfung sich zuneigt,
die er im Leben erhält.

Schaut auch die Seraphim:
Brennende Fackeln der Liebe,
Gottes lebendiges Licht.
Nimmer verlöschende Glut,
die ringsum alles entzündet
und die seligen Himmelsbewohner
alle zum Leuchten bringt.

Von solcher Schau beseligt,
singt Meister Bernhard mit dem Wort der Schrift:
Ich liebe, Herr, die Schönheit deines Hauses,
den Ort, da deine Herrlichkeit zugegen.

Noch vieles entnahm ich den Schriften der Meister.
Gar manches davon hat mich höchlichst erstaunt.
Kannten sie doch die großen Engel mit Namen,
waren mit ihnen wie Freunde vertraut.
Sahen im Geist, wie sie Sterne und Welten
lenkten in ihren Bahnen; aber auch Herrscher
und Völker, Ritter, Bauer und Knecht.
Winde und Feuerflammen sind sie im Buch der Bücher,
aber auch Boten, von Gottes Auftrag erfüllt
und zu den Menschen gesendet.
Gruß ihnen bietend, Friede und Gnade,
so, wie es heiligen Frauen und Männern geschah
bis zu dem Tag, da zu Maria, der Jungfrau,
Gabriel kam. Leuchtend von seliger Kunde,
sprach er das WORT in ihr Wesen hinein:
Und die Engel in lohender Herrlichkeit
zahllos, in unaussprechlicher Glorie,
neigten sich vor dem Geheimnis der Gottheit,
die unsere Menschheit annahm und FLEISCH ward
aus der Morgenröte, die hervorbrachte Christus,
die strahlende Sonne der Gerechtigkeit.

Solches durfte Hildegard schauen mit wachen Augen
und bebendem Herzen, das fast verging im Anblick
der seligen Geister um Gottes Thron.

Manches noch hört' ich
von Gottgelehrten und Weisen.
Wollt' ich von allem reden, nie gäb' es ein Ende.
Nur eines noch scheint mir wichtig;
– ich fand es in einer alten Schrift
und will's nicht, gleich einem Raub,
für mich behalten.

Engel verdrängen einander nicht!
Ihr Raum ist in Gott.
Sie alle, die Scharen von tausendmaltausend,
beanspruchen für sich gar keinen Platz.
Und je mehr Engel beieinander sind,
desto größer wird ihr Innenraum,
und einer nimmt den andern in sich auf:
in den Raum seines Hörens und Sehens,
in seinen Freiheitsraum und den Raum seiner Liebe.
Sie, einer im andern – und alle in Gott!
Platzmangel und Neid gibt es nicht unter Engeln.
Letzteres, so sagen die Alten, sei ein Zeichen
der Hölle und ihrer Geister.

Ich aber, dem die Kraft des Wortes mangelt
und der doch voll der Himmelsbilder ist,
rufe, unter Tränen noch froh:
O Gott, komm mir zu Hilfe!
Und mein Engel trägt meine Bitte
mit dem tönenden Lob seiner Harfe zu Gott.
Dann leuchtet mir die Morgenröte der Gnade,
und ER schenkt mir aufs neue,
sein Lob zu verkünden in der Glut meiner Farben.
Ihm zur Ehre und meinen Brüdern zu Freude und Trost.

Ganz anders als diese durch „den Mund des Malers" wiedergegebene Zusammenschau von mittelalterlichem Denken über Dasein und Dienst der Engel sind die nun folgenden Texte gefärbt.

Sie berichten vom Dasein der Engel im Alltag gottbegeisterter und von ihm ergriffener Menschen. Die hohe Blütezeit solcher Berichte verbindet sich uns zumeist mit den Namen der Mechthild von Magdeburg und der etwas jüngeren Mechthild von Hackeborn, die etwa ein Jahrhundert nach der Entstehung unserer Bilder im Kloster Helfta lebten. Und natürlich mit Heinrich Seuse, dessen innige Gestalt ohne die herzliche Gemeinschaft mit den Engeln gar nicht denkbar ist.

Doch in unserem Rahmen möchte ich auf diesen Vorgriff in eine spätere Zeit bewußt verzichten und nur noch zwei Textzeugen sprechen lassen, die dem Marienberger Maler zumindest zeitlich nahe sind.

Die „geistlichen Lehrer" des Malermönches hatten in tiefen theologischen Einsichten über Engel gesprochen. Oder sie waren, wie Hildegard, die „Prophetin vom Rhein" – wie sie ihre Zeitgenossen nannten –, in erschütternden Visionen mit der himmlischen Wirklichkeit konfrontiert, ja geradezu hineingerissen in die alles Verstehen übersteigende Schau, die dann folgerichtig auch eine himmlische Stimme deuten muß. Und daneben waren dem Maler gewiß auch die vielen Erzählungen vertraut, die sich wie ein roter Faden durch die Mönchsgeschichte ziehen, von der Zeit der Wüstenväter her bis zu den Tagen, in denen seine Bilder entstanden. Immer wieder ist da die Rede vom liebreichen und helfenden Eingreifen der Engel in das Leben eines Menschen.

Die beiden Texte, die nun folgen, bringen eine andere Engelerfahrung ins Spiel. Der Engel kann auch überaus streng und schmerzlich den ihm anvertrauten Menschen führen.

Zuerst möchte ich einen Brief vorstellen, den Elisabeth von Schönau an Hildegard von Bingen schreibt. Elisabeth leidet an der Not der Kirche ihrer Zeit. In Visionen wird ihr der Auftrag zuteil, die Menschen mit dem drohenden

Strafgericht Gottes zu konfrontieren und sie zur Umkehr aufzurufen... Zunächst erlebt sie dabei den Engel als deutenden Helfer. Als sich Elisabeth aber der Forderung, „Weherufe" über Kirche und Welt auszurufen, aus Angst vor den Menschen entzieht, wandelt sich ihr der Engel zu einem strengen Zuchtmeister. In ihrer Verwirrung wendet sie sich daraufhin an Hildegard, die erfahrene Meisterin, und bittet um Rat und Hilfe. Sie schreibt:

... als ich eines Tages in gewohnter Weise entrückt war, trat der Engel des Herrn zu mir und sprach: Warum verbirgst du Gold im Kot? Ich meine das Wort Gottes, das durch deinen Mund an die Erde ergangen ist, nicht damit es verborgen bleibe, sondern daß es zum Lobe und zur Verherrlichung unseres Herrn und zur Rettung seines Volkes offenbar werde. Nachdem er dies gesprochen, schwang er die Geißel über mich, mit der er mich wie in großem Zorn fünfmal sehr schmerzhaft schlug, so, daß ich drei Tage lang an meinem Leibe wie erschlagen war.
Danach legte er den Finger an meinen Mund und sprach: Du wirst stumm sein bis zur neunten Stunde, da du offenbaren wirst, was der Herr an dir getan.

Zur angegebenen Stunde vertraut Elisabeth dem ihrem Kloster übergeordneten Abt ihre Tagebuchaufzeichnungen über die Visionen an und kann wieder sprechen. Ihre kirchlichen Oberen zweifeln jedoch an der Echtheit ihrer Visionen, und sie bekommt den Auftrag, den Engel „im Namen des dreifaltigen Gottes" nach seiner Herkunft zu befragen. Darauf antwortet ihr der Engel:

Sei ohne Furcht und fest überzeugt: Ich bin wirklich ein Engel Gottes, und die Gesichte, die du geschaut, sind wahrhaftig. Ich bin der gleiche Engel, der sich seit langem um dich müht.

Das Verhältnis zwischen Elisabeth und ihrem Engel wird hinfort ganz vom Gehorsam Elisabeths gegenüber dem Auftrag bestimmt sein, den sie in ihren Visionen empfängt. Die unsichere und ängstliche junge Frau wandelt sich in ständigem Kontakt mit ihrem Engel zu einem Menschen, der „die Augen al-

lein auf den richtet, der als Schöpfer der Welt den Spott der Menschen willig ertrug", und der Elisabeth auf seinem Kreuzweg mitnimmt.
Hildegards Antwortbrief ermutigt sie, diesen Weg bescheiden und in Treue mitzugehen.

Noch dichter als im Leben Elisabeths „verleiblicht" sich die Engelerfahrung als Gotteserfahrung im Leben des heiligen Franziskus von Assisi. An ihm wird gleichsam ablesbar, daß wir in das verwandelt werden, das wir unermüdlich anschauen. Diese „Verwandlungsgeschichte" des heiligen Franziskus, die der Entstehung der Marienberger Engel noch beinahe gleichzeitig ist, wirft ein ganz eigenes Licht auf die Engelbilder und vielleicht auch auf alle, die sich ihnen schauend wirklich nähern.
Franziskus zog sich, nachdem er von der Last der Leitung seines Ordens befreit war, in die Einsamkeit, ins Gebet zurück. Immer mehr versenkte er sich in die „Anschauung Gottes", den er in allen Dingen zu finden sucht. Sein Suchen nach der Nähe Gottes und der Gemeinschaft mit dem gekreuzigten Christus erfüllt ihn so sehr, daß seine Brüder von ihm sagen, er habe vor Liebe zu Gott gleich einem Seraph geglüht. Und in der leibliche Spuren hinterlassenden Begegnung mit dem Seraph wird Franziskus zum Bild Christi umgestaltet. Davon erzählt Bonaventura in seiner Lebensbeschreibung des Heiligen:

Als Franziskus nun eines Morgens um das Fest der Kreuzerhöhung am Berghang betete, sah er einen Seraph mit sechs feurigen, leuchtenden Flügeln von des Himmels Höhen herabschweben. Da er blitzschnellen Fluges dem Orte nahe gekommen war, wo der Gottesmann betete, schaute Franziskus zwischen den Flügeln die Gestalt des Gekreuzigten. Die liebevolle Erscheinung, bei der er Christi Blick auf sich ruhen sah, durchströmte ihn mit Freude und zugleich mit Schmerz.
Und er erkannte, nicht der Martertod des Leibes, sondern die Glut des Geistes müsse ihn ganz und gar zum Bild Christi umgestalten.

Wer Franziskus wirklich anschaut, kann nicht umhin, an Christus zu denken. Im schlichten Nachvollzug des Lebens seines Meisters ist er zu seinem Bild und Boten geworden: in Wahrheit zum „Engel des Herrn". Denn Engel ist, in welcher Gestalt er auch immer in unsere Menschenwelt hineinkommt, Geschöpf, das sich – wie Franziskus – im Lob Gottes vollendet. Und Loben heißt: mit dem ganzen Wesen bekennen, GOTT IST DER HERR.

Östlicher Engel
der Südkappe

Der wunderbare Tausch

Leben als Lob Gottes erfährt seinen alles zusammenfassenden Höhepunkt in der Feier der Eucharistie. Hier dürfen Menschen wirklich als die dasein, die sie sind. Nichts, was zu uns gehört, muß draußen bleiben. Nicht Not noch Schuld, nicht Leere noch Sehnsucht nach Fülle. Und auch nicht all die vorläufigen Hoffnungen unserer Herzen und die armen Versuche zu lieben.
Hier dürfen und sollen wir uns „ganz" mitbringen, weil in dieser Feier nicht zuerst wir Gott dienen, sondern weil Gott uns dient. Und erst wenn wir uns seinen Dienst gefallen lassen, werden wir zu Menschen, die ihm dienen können.
Und auch von diesem „wunderbaren Tausch" sprechen die Bilder, die den Altar der Krypta in weitem Kreis umgeben und die da versammelte Gemeinde gleichsam von allen Seiten umschließen.
Mir kamen in diesem Umgebensein spontan die Worte aus dem Psalm 139 in den Sinn:

> *Von allen Seiten umgibst du mich*
> *und legst auf mich deine Hand...*
> *Zu wunderbar ist solches Wissen mir –*
> *wie sollt' ich es begreifen?*

In solchen Augenblicken geschieht wohl das Hineingenommenwerden in die Gemeinschaft all derer, die sich hier in langen Jahrhunderten dem Glanz der Wahrheit Gottes ausgesetzt haben. Sie stehen zwischen und hinter den Engelgestalten. Wie deren Augen sind auch die ihren „weiß", voll Gotteslicht. Aber sie sind darum nicht blind für uns. Und sie sind schön geworden wie diese im Glanz der an ihnen offenbar gewordenen Wahrheit. Und nun tragen sie diesen Glanz, der zugleich Frucht eines langen Werde- und Reifungsweges ist, sie haben sich den Gottes-Dienst gefallen lassen und Gnade.
Fast alle Engel, die uns hier umgeben, tragen einen Stab, der in einer blü-

tenähnlichen Kreuzform endet. Ich glaube, daß in diesem „blühenden Kreuz", das jeder Engel „seinem Menschen" vor Augen hält, der tiefste Maßstab für menschliches Schönsein angesprochen wird. Wahrhaft schön ist, wer in das evangelische Kindsein hineingewachsen ist. Dieses Wachsen aber vollzieht sich im Gehen in den Spuren Jesu, des Herrn. Das ist immer auch ein Gehen des Kreuzweges. Aber das Kreuz trägt schon die Blüte der Verheißung, vermittelt die Ahnung der Frucht.
In jeder Liturgiefeier – besonders aber in der Eucharistie – ereignet sich schon immer zugleich Verheißung und Vollendung, Blüte und Frucht. Auch das kommt im Bildraum zur Sprache. Der mittelalterliche Maler, wenn wir ihn fragen könnten, würde vielleicht antworten, daß „Himmel im Alltag nistet und Alltag im Himmel geborgen ist". Die Benediktsregel, die sein Gehen in den Spuren Jesu unterstützt, formuliert das so:

Bedenken wir also, wie wir uns verhalten sollen in der Gegenwart Gottes und seiner Engel, und stehen wir beim Singen der Psalmen so, daß unser Denken und unser Herz im Einklang sind mit unserer Stimme.
Alle Geräte des Klosters und den ganzen Besitz betrachte er als heilige Altargefäße.

Wo Menschen langsam zu dieser Kindheit hinreifen, in der Liturgie und Leben gleichsam zusammenfallen und ineinander wohnen, da umschließt dann der enge Raum einer Krypta Himmel und Erde, und Gott ist gegenwärtig mit seinen Engeln und ebenso der Mensch und alles, was zu ihm gehört. Das kann dann alltägliche Feier sein und gefeierter Alltag. Und in beidem singt der Mensch Gott sein Leben in Liedern „im Angesicht der Engel".

Mein Engel

Du bist mir nah
in schattendem Schweigen
Ungeflügelt zumeist
und ohne das Lichtgewand
und niemals so
wie dich die
alten Bilder zeigen –
Und doch hab ich dich
je und je erkannt.

In einem Lächeln
bist du mir begegnet
in einem Wort
das meinen Tag gesegnet
Und noch im Abgrund
meiner dunklen Stunden
hat mich dein Schutz umfangen
Nicht einen Weg
bin ich allein gegangen
denn überall hat deine Treue
mich gefunden.

Westlicher Engel
der Südkappe

Sequenz

Dreifach sind der Engel Ränge,
Ewig ihre Lobgesänge,
Ewig schaun sie Gottes Licht;
Doch, ob sie in Tönen schweben,
Ob der Schauung sich ergeben,
Ruht auch ihre Hilfe nicht.

Sie, des Himmels hohe Heere,
Dreimal drei erhab'ne Chöre,
Glühn in Liebe wunderbar;
Helfer sind sie, uns betreuend,
Daß durch uns dereinst erneuend
Sich ergänze ihre Schar.

Daß sie Hilfe uns gewähren,
Laßt uns fromm die Engel ehren,
Folgsam ihrem Heilsgeleit;
Denn zu Gottes Thron empor
Hebt uns in der Engel Chor
Nur die laut're Frömmigkeit.

Laßt das Letzte uns verschweigen,
Das der Himmel noch bedeckt;
Doch die Seelen, laßt sie steigen,
Fromm, wie ihr die Hände reckt.

Daß der Chor der Engel droben
Uns geselle seinen Reih'n
Und daß Gottes ew'ges Loben
Herrlich tön' im Allverein.

                                    Adam v. St. Viktor

Zur Geschichte von Marienberg
und vom Geist der klösterlichen Gemeinschaft

Entlassen aus der wunderbaren Engelwelt der Krypta, mögen sich uns wohl Fragen stellen nach der Geschichte des Hauses, das solche Kostbarkeit birgt. Nach dem Leben, das es erfüllte, und nach seinen Bewohnern, die dieses Leben weitergaben von Jahrhundert zu Jahrhundert.
Blättern wir also noch ein wenig im Buch der Vergangenheit, die uns Klosterchronisten und Kunsthistoriker zugänglich machen.

Von den Anfängen

Länger als 800 Jahre schaut die Abtei Marienberg von der Höhe über das sich weitende Tal. Die Geschichte der Mönchsgemeinschaft, die hier in guten und bösen Zeiten das Gotteslob sang, reicht jedoch gut hundert Jahre weiter zurück. Die Männer, die Marienberg erbauten, kamen schon als von der Benediktsregel geformte und auch leiderfahrene Klostergemeinde aus dem Kanton Graubünden. Dort hatte Eberhard – er gehörte zur Sippe der Herren von Tarasp – in Schuls/Scuol ein Hauskloster gegründet. Da Eberhard kinderlos war, so schreibt später der Mönch Goswin, Chronist des Klosters im 14. Jahrhundert, „machte er Christus zu seinem Erben".
Solches geschah in jenen Zeiten oft. Adlige Großgrundbesitzer, wohl auch Könige und Kaiser, sorgten nicht nur für die gesicherte Zukunft der Familie, Sippe oder Dynastie hier auf der Erde. Sie trugen auch Sorge um ihre ewige Zukunft.
Und eine Kirche als Begräbnisstätte, in der Mönche oder Nonnen das Gotteslob sangen und dieser Stifter betend vor Gott gedachten, schien frommen und weniger frommen Großen ein guter Baustein für die ewige Zukunft.
Eberhard von Tarasp tat also nichts Besonderes, als er zwischen 1087 und 1095 das Marienkloster erbauen ließ. Reiche Schenkungen, Landbesitz, Höfe

und Güter, sollten den Fortbestand des Klosters garantieren. Sein Bruder Ulrich – damals Bischof von Chur – unterstützte Eberhards Bemühen. Ihm ist wohl auch zu verdanken, daß der Kardinal Gregor von Pavia das neue Kloster einweihte.

Woher die ersten Mönche kamen, läßt sich heute nicht mehr mit Sicherheit sagen.

Schon knapp drei Jahrzehnte später zerstörte ein Großbrand den hoffnungsvollen Beginn. Doch Mönchsgemeinde und Stifterfamilie ließen sich nicht entmutigen. Das Marienkloster wurde neu errichtet und wurde schon im Juli 1131 wieder geweiht. Aber trotz aller Bemühungen war dem Kloster im Unterengadin keine Zukunft beschieden.

Die umwohnenden Bauern betrachteten ihre klösterlichen Nachbarn mit Mißtrauen und mit – vielleicht berechtigter? – Angst um die eigene Zukunft. Ohne freundliche Beziehungen, oder doch wenigstens Toleranz, kann ein Kloster nicht wachsen – nicht nach innen und nicht nach außen – und keine Wurzel schlagen. So blieb die erhoffte Blüte aus.

Diese andauernde Situation und wahrscheinlich auch die rauhen klimatischen Verhältnisse ließen bei Ulrich, dem Großneffen Eberhards, und der Mönchsgemeinde unter der Führung des Abtes Albert den Plan reifen, das Kloster an einen günstigeren Ort zu verlegen.

Neubeginn

Nachdem Papst Eugen III. (1145–1153) seine Zustimmung zu dem Plan bekundet hatte, zog die Gemeinschaft 1146 von Schuls nach Burgeis. Bei St. Stephan, einer sehr alten Kirche, sollte das neue Kloster errichtet werden. St. Stephan war wohl schon in römischer Zeit bei der ersten Missionierung des Vinschgaues als Taufkirche für die entstehenden christlichen Gemeinden erbaut worden. Wahrscheinlich befand sich hier ein vorchristliches Quellheiligtum. Doch bald stellte sich heraus, das der Platz bei St. Stephan für den Bau eines Klosters ungeeignet war.

Kloster Marienberg, Aquarell von Reinhold Stecher

Nach neuerlicher Rücksprache mit dem Papst wurde dann das Kloster an seinem heutigen Ort gebaut. Es erhielt den Namen „Marienberg".

Ob die erste Anlage dem heutigen Bau, der den Eindruck einer wehrhaften Gottesburg vermittelt, ähnlich war, mag dahingestellt bleiben. Wir können uns aber vorstellen, daß in Marienberg eine kleine Mönchsgemeinde lebte, die bemüht war, auch in der baulichen Gestaltung ihres Klosters der Benediktsregel zu entsprechen. Diese sagt, daß die Mönche möglichst auch wirtschaftlich unabhängig sein sollen. Wie diese Forderung von den einzelnen Klöstern in die Realität des konkreten Alltags umgesetzt wurde, hing ganz wesentlich von der gesellschaftlichen Situation der Umwelt ab.

Mönche leben ja nicht außerhalb oder gar „über" der Welt. Auch dann nicht, wenn sie ihr Kloster mehr als 1300 Meter hoch in einer sanften Berglehne beheimaten.

Nur etwa hundert Jahre konnte sich Marienberg einer ersten, relativ ungestörten Blütezeit erfreuen; unterstützt durch die Gründersippe und die ersten Schutzvögte sowie geschützt durch die Bestätigung von Landbesitz und Klosterrechten durch Päpste und Kaiser.

Während dieser ersten Blütezeit entstanden auch die Fresken in der Krypta. Sie geben – mehr als alle auch wichtigen erhaltenen Urkunden – Zeugnis von dem Geist, der das Leben der Mönche bestimmte.

Die Historiker sagen uns, daß die Mönche wohl zunächst in einem sehr einfachen Haus neben der vorgefundenen Marienkapelle wohnten und als erstes die Krypta errichteten. Die geringe Höhe dieses Raumes und seine relative Enge trugen dazu bei, daß die Malerei eine sehr dichte, nicht nur geistige, sondern auch räumliche Nähe zur Liturgie der feiernden Mönche gewann. Die Krypta wurde am 13. Juli 1160 durch Bischof Adalbert von Chur feierlich geweiht. Die Weihe erfolgte zu Ehren der Heiligen Dreifaltigkeit, der Gottesmutter Maria und aller Heiligen. Den Aposteln Petrus und Paulus, der hl. Maria Magdalena sowie dem hl. Martin und dem hl. Nikolaus wurden Altäre gewidmet.

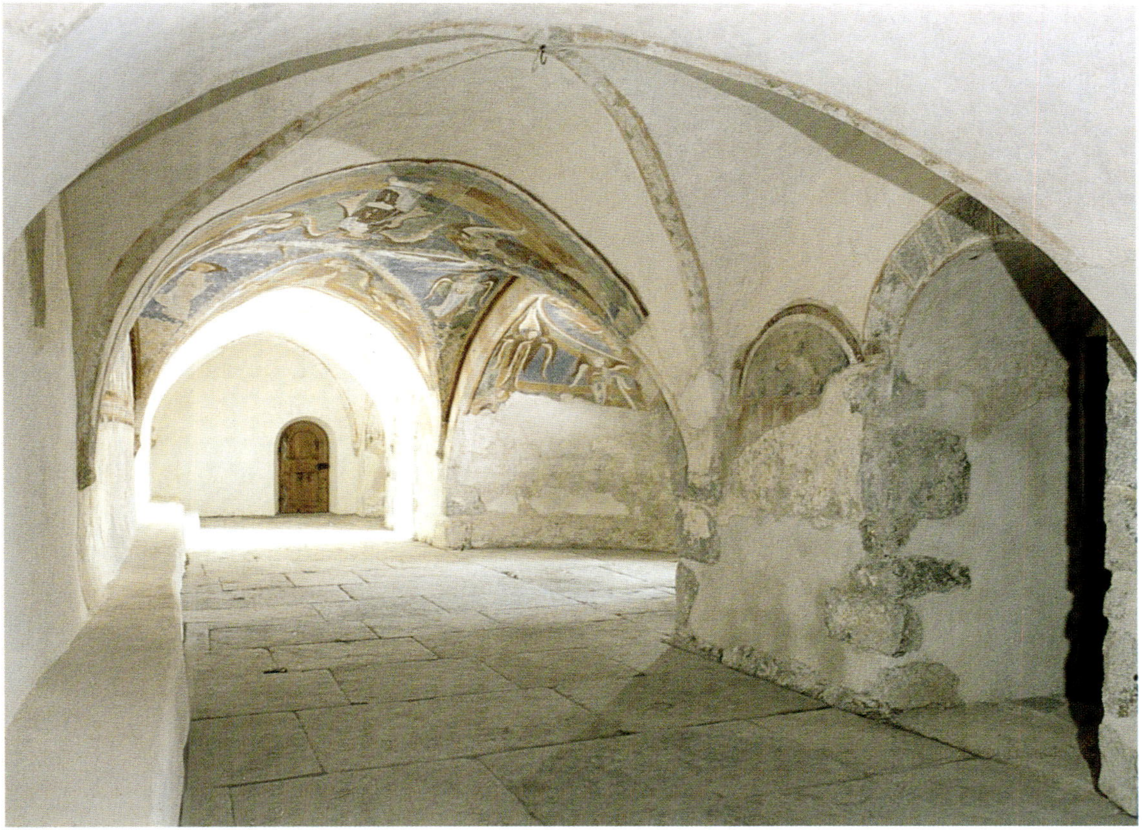

Das Marienpatrozinium ist vielen mittelalterlichen Krypten gemeinsam. Die Weihe zu Ehren der Heiligen Dreifaltigkeit weist aber wohl auf die feste Bindung der jungen Klostergemeinde an die alte Reichsabtei Ottobeuren hin, deren Stiftskirche ebenfalls der Heiligen Dreifaltigkeit geweiht ist.
Aus Ottobeuren war Abt Albert gekommen, dessen Tatkraft und Weitsicht die Verlegung des Klosters und den sicher nicht leichten Neuanfang bestimmte. Auch die ersten ihm folgenden Äbte wurden jeweils von Ottobeuren erbeten. Rund dreißig Jahre sollten vergehen, ehe die Marienberger Mönche in Friedrich Graf von Eppan den ersten Abt aus ihrer Mitte wählen konnten.
Fast vierzig Jahre lang war die Krypta das „Herz" des Klosters, von dem in Stundengebet und Eucharistiefeier immer neue Lebensimpulse für die Mönche ausgingen.
Spätestens nach der Weihe der Stiftskirche im Jahre 1201 wurde die Liturgie im Chorraum dieser Kirche gefeiert.
Beim Bau ihres Gotteshauses nutzten die Mönche die natürliche Geländeneigung von Westen nach Osten. Sie ermöglichte im Osten eine doppelgeschoßige Anlage, die unten die Krypta enthielt und darüber das über die Langhausmauern hinausreichende Querschiff. Ein Mauerrücksprung auf der Südseite und eine Quaderreihe im Norden grenzen heute die 22 Meter lange, dem Tal zugewandte Seite dieses ältesten erhaltenen Bauteiles von späteren Zubauten deutlich ab.
Von der ersten romanischen Bauanlage ist nur wenig erhalten geblieben. Unter anderem das schöne Portal der heutigen Kirche. Es zeugt von beachtlichem Können der Steinmetzen. Ungewöhnlich ist die Zuordnung der Gesteinsarten: weißer Marmor und Granit.

Daß die Mönche Marienbergs mit den benediktinischen Klöstern des deutschsprachigen Raumes – und darüber hinaus – lebendigen Kontakt unterhielten, dürfen wir als gesichert ansehen, auch wenn das Quellenmaterial für die Frühzeit Marienbergs sehr lückenhaft ist.
Die Architektur und Malerei der Krypta verweisen auf Verbindungen zu ähn-

lichen sakralen Baugestaltungen. Solche Ähnlichkeiten ergaben sich wahrscheinlich aus den das mittelalterliche Bauwesen tragenden „Bauhütten". Zu ihnen gehörten nicht selten auch Mönche. Diese Bauhütten hatten unter ihren Mitgliedern sowohl einfache Handwerker als auch hochbegabte Männer, Architekten und Künstler, die geniale Baupläne entwarfen und zeitlos schöne Plastiken und Fresken schufen. Mit großen Bauten von Kathedralen oder Klöstern wurde meist eine Bauhütte beauftragt. Wenn eine Klostergemeinde selber Brüder hatte, die entsprechend kunstfertig waren, wurden diese zu Mitarbeitern der Bauhüttengemeinschaft. Manchmal übernahmen sie auch die Leitung des gesamten Unternehmens.

Doch nicht nur architektonische Gemeinsamkeiten verweisen auf fruchtbare Verbindungen. Auch die inhaltliche Thematik und die gestalterische Komposition der Fresken erzählen von Verbindungen zu anderen Klöstern, die heute wichtige kulturhistorische Zeugnisse aus jener frühen Zeit beherbergen. Da werden die alten Abteikirchen auf der Reichenau genannt und auch die von Knechtsteden am Rhein. Ja, bis nach Daphni bei Athen können malerische Spuren führen. Dort gibt es in der Klosterkirche einen Engel, der auf einem stilisierten Rasenstück steht. Manche Kunsthistoriker vermuten in ihm das „Vorbild" für die farbigen Rechteckbrettchen, auf denen fast alle Marienberger Engel stehen.

Nicht nur die engen Beziehungen, die Marienberg zu Ottobeuren unterhielt, sondern auch manches Detail in Handschriften, die der Ottobeurer Malschule angehören oder doch nahestehen, führen zu der berechtigten Annahme, daß der „Marienberger Meister" ein Mönch der alten Reichsabtei gewesen sein könnte. Dieser Mönch schuf nicht nur einen der bedeutendsten, sondern wohl auch einen der schönsten Bildzyklen Westeuropas.

Mit den Marienberger Fresken beeinflußte er überdies nachhaltig die Entwicklung der vorgotischen Wandmalerei im westlichen Südtirol. Die Bilder der „Vinschgauer Malschule" zeigen, daß ihre Maler sich alle an dem großen Meister von Marienberg orientierten.

Von Notzeiten und Lichtblicken

Der ersten Blütezeit Marienbergs sollte schon zu Beginn des 13. Jahrhunderts eine Zeit scheinbar nicht enden wollender Not folgen.
Das Verhältnis von geistlichen und weltlichen Schirmherren und Schutzvögten zur Abtei wurde weitgehend nicht mehr von Wohlwollen bestimmt, sondern von Habsucht und Gewalt. Marienberg wurde von seinen eigenen Vögten geplündert. Mehrmals mußte der Konvent vor ihnen fliehen. Zu Beginn des 14. Jahrhunderts wurde Abt Hermann von Schönstein, der sich dem Klostervogt Ulrich von Matsch zu widersetzen wagte, kurzerhand verschleppt und enthauptet.
Auch als das Schirmrecht dem jeweiligen Bischof von Chur übertragen wurde, besserte sich die unerfreuliche Situation Marienbergs nicht wesentlich. Einmischung der Bischöfe in innerklösterliche Angelegenheiten und überhöhte Steuern brachten immer neue Not und Unruhe über den Konvent.
Daß die Mönche trotzdem einige Pfarreien im Umkreis seelsorgerlich betreuten und daß es auch in diesen oft so schwierigen Zeiten eine kleine Klosterschule gab, erfahren wir von einem ihrer Schüler, dem Mönch und Klosterchronisten Goswin. Goswin wurde später Prior des Klosters und Hofkaplan des Herzogs Leopold III.
Dieser Goswin schrieb eine Chronik, die nicht nur für die Geschichte Marienbergs von hohem Wert ist, sondern auch für die Landesgeschichte. Historiker schätzen die Verläßlichkeit der lateinisch geschriebenen „Goswin-Chronik" sehr. Nach alten Zeugnissen war dieser mittelalterliche Chronist ein Mönch, der seinem Kloster in Treue und mit liebender Hingabe diente. Zugleich ein Mann, dem der Abt – im Sinne der Benediktsregel – einen Teil seiner eigenen Lasten zuversichtlich aufbürden konnte. Diese Hingabe an sein Kloster war es auch, die Herzog Leopold bewog, ihm die Würde eines Hofkaplans zu verleihen.
Die Goswin-Chronik berichtet nicht nur vom Wirken der einzelnen Äbte, von den mehr oder weniger guten Beziehungen zu den Churer Fürstbischöfen

und anderen Großen des Landes. Sie erzählt auch von Seuchen und Naturkatastrophen aller Art.

Erschütternd ist ein Bericht von der großen Pest, die 1348 wütete. Ihr fiel mehr als die Hälfte der Bevölkerung zum Opfer. Im Kloster überlebten nur vier Mönche die Katastrophe: der Abt Wyso, ein Priestermönch, ein Laienbruder und Goswin.
Dreißig Jahre später wäre Goswin beinahe selbst der Pest erlegen. Daß er genas, schreibt er dem Gebet der Mitbrüder zu.
Wann Goswin gestorben ist, wissen wir nicht. Die letzten Chronikeintragungen von seiner Hand stammen aus dem Jahr 1394.
Auch die Jahre nach Goswins Tod waren für Marienberg überwiegend Zeiten der Prüfungen und schwerer Bedrängnisse. Nicht immer haben sich Äbte und Konvent in solchen Notzeiten und des damit verbundenen wirtschaftlichen Niedergangs bewährt. Not lehrt nicht unter allen Umständen beten; auch im Kloster nicht. Zeiten äußerster Gefährdung, in denen eine Gemeinschaft um das nackte Überleben kämpft, erweisen sich sehr oft auch als Zeiten geistig-geistlichen Zerfalls.
Die Chroniken haben für die nächsten zweihundert Jahre nach Goswin kaum Erfreuliches festgehalten. Im Jahre 1418 zerstörte ein Brand das Kloster bis auf die Grundmauern. Ein Abt – er verhielt sich bei der Verteidigung von Grundrechten der Abtei wohl sehr unklug – wurde 1448 von Burgeiser Bauern erschlagen. Im „Engadiner Krieg" stellte sich das Kloster auf die „falsche" Seite. Doch der siegreiche Maximilian sah es den Mönchen nach, besuchte das Stift und bestätigte seine Rechte und Freiheiten. Trotzdem wurde die Abtei 1525 von aufständischen Bauern geplündert. Wertvolle Teile des Archivs und der Klosterbibliothek gingen dabei verloren.
Wiedertäufertum und der Geist des Zwinglianismus gewannen Einfluß im Land und auch auf die Mönche. Um 1586 weilte nur noch ein Mönch im Kloster, der zugleich Pfarrer von Burgeis war.
Daß die im zusammenfassenden Rückblick so düster erscheinende Zeit doch

nicht nur Not und Elend brachte, zeigt sich uns heute vielleicht am schönsten in ihrer künstlerischen Fruchtbarkeit.
Und trotz Großbrand, Neu- und Umbauten haben sich in Marienberg mancherlei architektonische Spuren der Gotik erhalten, aber auch Skulpturen, Fresken und andere Malereien. Allen zugänglich sind die „Schöne Madonna" in der Lünette des romanischen Kirchenportals und ein „Vesperbild" in der Stiftskirche, das nicht nur von den Mönchen als „Gnadenbild" verehrt wird. Nicht ohne weiteres zugänglich sind der spätgotische Kreuzgang mit seinem schönen Sterngratgewölbe und mancherlei Tafelbilder in der Kunstsammlung der Abtei.

Doch trotz dieser guten Früchte aus schwerer Zeit schien die Abtei einem unaufhaltsamen Verfall entgegenzugehen.
Weder die aus dem berühmten Kloster St. Blasien erbetenen Äbte noch die Landesregierung zu Innsbruck, der um diese Zeit die Schirmherrschaft über Marienberg anvertraut war, vermochten den Niedergang aufzuhalten. Als schon daran gedacht wurde, die Abtei aufzuheben und in ihren Gebäuden eine Ausbildungsstätte für den priesterlichen Nachwuchs der Diözese Chur einzurichten, kam Hilfe durch Papst Clemens III. Er erkannte die wichtige Rolle des Klosters als Zentrum katholischen Glaubens an den Grenzen zu den protestantischen Gebieten des Landes.
Unter dem Administrator und späteren Abt Matthias Lang, einem Mönch aus der Abtei Weingarten, konnte Marienberg endlich wieder aufleben. Matthias Lang gilt als der „zweite Gründer" des Klosters.
Obgleich auch die Wirkungszeit des Abtes Matthias eine unruhige Zeit war – im benachbarten Deutschland tobte der Dreißigjährige Krieg –, führte er mit großer Klugheit in weltlichen und geistlichen Dingen die Abtei zu einer neuen Blüte. Auf dem Fundament, das er legte, konnten die ihm folgenden Äbte weiterbauen. Das taten sie mit umsichtiger Tatkraft. Und die Chroniken der nächsten Jahrzehnte verzeichnen neben mancherlei Ungemach mehr und mehr Ereignisse, die von innerem und äußerem Wachstum sprechen.

Alte Schulden wurden getilgt und Neubauten errichtet. Unter dem Abt Jakob von Grafinger zu Salegg baute man die Stiftskirche um. Ihre streng frühbarocke Innenausstattung erinnert an vergleichbare Bauten im süddeutschen Raum. Dem Tagebuch des baufreudigen Abtes ist zu entnehmen, daß das Kloster im 17. Jahrhundert nicht nur berühmte Bildhauer, sondern ebenso namhafte Maler beschäftigte.

Daß es auch in Marienberg eine weit zurück- und bis in unserer Zeit hinaufreichende Schultradition gab, wissen wir aus der Goswin-Chronik und vielen Zeugnissen der jeweiligen Zeit. Die großen Abteien erzogen ja niemals nur ihre eigenen jugendlichen Mitglieder, sondern auch Knaben (in den Frauenklöstern Mädchen) des Adels und des gehobenen Bürgertums. Daß dabei immer auch Kinder aus armen Familien zur Schülerschar gehörten, sei nur am Rande erwähnt. Viele große Männer und Frauen, die später in Politik, Gesellschaft und Kirche Rang und Namen hatten, waren Schüler eines benediktinischen Klosters.
Die Geschichte der Marienberger Klosterschule ist eng mit dem Geschick der Abtei verwoben. So gibt es Zeiten, in denen die Schulspuren beinahe ausgelöscht sind. Erst zu Beginn des 17. Jahrhunderts blühte unter Abt Matthias Lang auch die Klosterschule wieder auf.
Der Raum in der alten Abtei entsprach bald nicht mehr dem Andrang der Schüler. So kam es 1724 zur Gründung einer „Höheren Lehranstalt" auf klostereigenem Grund in Meran. Daraus wurde eine Institution, die bis zu ihrer Aufhebung im Jahre 1928 rund fünftausend Schülern die Gelegenheit gegeben hatte, gutes Rüstzeug für ihren Lebensweg zu erwerben.
Aus mancherlei Notizen in den Chroniken der zweihundert Jahre, auf die wir zuletzt zurückschauten, läßt sich ablesen, daß die Mönche der Abtei nicht nur über eine gute Allgemeinbildung verfügten, sondern auch eine qualifizierte wissenschaftliche Ausbildung bekamen. Daß sich darüber hinaus die Äbte auch um eine gute theologische Ausbildung der Mönche bemühten, ist in dieser Zeit der sogenannten „Aufklärung" gar nicht selbstverständlich.

Als mit dem Ausgang des 18. Jahrhunderts erneut schwere Bedrängnisse über Marienberg hereinbrachen, trafen sie eine blühende Klostergemeinschaft.

1807 wurde das Kloster – das zu dieser Zeit im bayerisch regierten Teil Tirols lag – von der Regierung aufgehoben und sein gesamter Besitz beschlagnahmt. Die Mönche gingen ins Exil nach Fiecht im Unterinntal.

Wiederum ging wertvolles Klostergut, mit Mühe und Freude erarbeitet und gesammelt, verloren. 1814 endete in Tirol die Bayernherrschaft. Die erfolgende Wiederherstellung der Abtei verknüpfte Kaiser Franz 1816 mit der Verpflichtung, das Gymnasium zu Meran weiterzuführen und mit guten Lehrern zu versehen.

Die Klostergemeinschaft scheute keine Mühe, ihr geliebtes Marienberg wiederaufzubauen. Ein verheißungsvolles Neuerstarken des Konventes wurde durch die zwei folgenden großen Kriege und die faschistische Herrschaft empfindlich gestört.

Nach dem Ende des Zweiten Weltkrieges wurde die Idee der Klosterschule noch einmal aufgegriffen. Die Schule sollte jetzt hauptsächlich den begabten Knaben der bäuerlichen Umwelt offenstehen.

Als dann in den achtziger Jahren genügend Bildungsangebote für alle sozialen Schichten und ein entsprechender Zubringerdienst dieses Schulangebot als nicht mehr dringlich erscheinen ließ, wandten sich die Mönche anderen Seelsorgeaufgaben zu. Die Schule und das Internat wurden geschlossen. Die letzte Marienberger Klosterschule hatte in rund vierzig Jahren etwa fünfhundert Schüler. Zehn von ihnen wurden Priester. Vier baten um Aufnahme in die Gemeinschaft der Mönche, die sie in langen Schuljahren kennen- und liebengelernt hatten.

In die letzten Jahre der Klostergeschichte unter Abt Bruno Klammer fällt die Wiederentdeckung und Restaurierung der kostbaren hochmittelalterlichen Fresken in der Krypta der Abteikirche.

Der Dienst der Mönche für ihre Mitmenschen hat seinen Schwerpunkt jetzt vorwiegend in verschiedenen Formen der Seelsorge gefunden.

Sie sind Pfarrer in einigen Pfarreien der Umgebung, bieten Lebenshilfe durch geistliche Kurse und Exerzitien und beteiligen sich durch qualifizierten Religionsunterricht weiter an der Erziehung der Jugend in ihrer Heimat. Nicht zu vergessen ist die großherzige Gastfreundschaft, die einzelne und Gruppen hineinnimmt in die erfüllte Stille benediktinischen Lebens.

Das ist alles wichtig, aber nicht vorrangig, denn der eigentliche Schwerpunkt des Gottes- und darin zugleich auch des Weltdienstes einer benediktinischen Mönchsgemeinde liegt nicht in den verschiedenen Möglichkeiten des sicht- und greifbaren Tuns. Er läßt sich in den Worten der Benediktsregel zusammenfassen, wo es sinngemäß heißt:

Der Liebe zu Christus und dem Gotteslob sollen die Mönche nichts vorziehen, und an der Barmherzigkeit Gottes sollen sie niemals verzweifeln.

Hymnus

„Halleluja" hebt an, hallendes Gotteslob,
Bürger himmlischer Stadt, singt ohne Unterlaß
– ewiges Halleluja!

Euer seliges Lob nehmen die Engel auf,
die Bewohner des Lichts jubeln im Chore laut
– ewiges Halleluja!

Gottes herrliche Stadt tönt im Gesange auf,
wirft im Echo zurück euer frohlockend' Lied
– ewiges Halleluja!

Großer Schöpfer der Welt, siehe, auch unser Mund
singt dir jauchzend das Lob, das deiner Größe ziemt:
– ewiges Halleluja!

Dich, o Christus, erhebt unserer Stimmen Preis,
dir, allmächtiger Gott, rufen wir jubelnd zu
– ewiges Halleluja!

Unbekannter Dichter

Nikolaus auf der linken Seite der Südapsis, ▷
knieend vor ihm der unbekannte Stifter

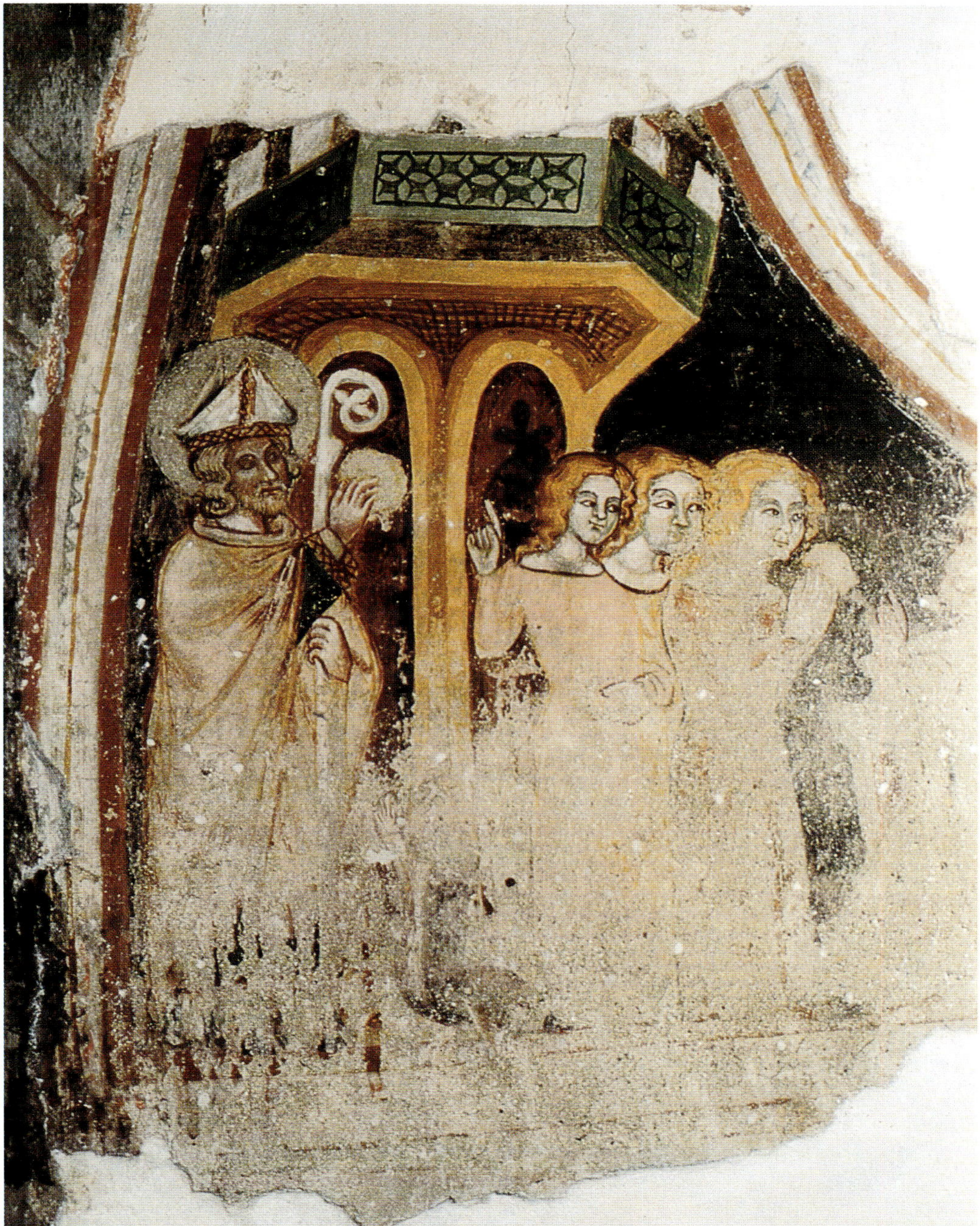

Anhang

Dionysius Areopagita, Die Hierarchien der Engel und der Kirche. München 1955
Fast alle mittelalterlichen Schriften, soweit sie sich mit dem Thema „Engel" befassen, verarbeiten Gedanken, die sich in der großartigen Zusammenschau des Dionysius Areopagita (wahrscheinlich das Pseudonym des Patriarchen Severus von Antiochien) christlich-biblischer und außerchristlicher Weisheitsschriften vorfinden. Sein Buch bekam seine große Bedeutung auch aufgrund der Annahme, daß die mittelalterlichen Leser in ihm einen direkten Paulusschüler vermuteten. Daß diese Annahme sich als nicht richtig erwies, nimmt der Schrift aber nichts von ihrem Rang. Wir können sicher sein, daß dem Marienberger Maler diese Schrift bekannt war.

Hinter der „Antwort des Malers" – im Kapitel „Wo der Himmel im Alltag nistet..." – stehen hauptsächlich folgende Texte:
Bernhard v. Clairvaux: „Über die Besinnung"
Brief an Papst Eugen – in B. v. C. Werke, Bd. I,
S. 781–791 (lat/dt), Tyrolia 1989.
Hildegard von Bingen, Scivias (Wisse die Wege),
Salzburg 1954, S. 141–144.

Der Gedanke, daß Engel einander im Freiheitsraum ihres Seins in Gott einander „Platz" geben, findet sich in vielen Vätertexten. Die Anregung zu der Form, in der der „Malermönch" das zur Sprache bringt, fand ich in:
Wilm Wilms, Der geerdete Himmel, Kevelaer 1976, Nr. 411.
Der Brief Elisabeths v. Schönau ist zitiert nach Hildegard v. Bingen, Briefwechsel – Salzburg 1965, S. 190–200.
Bonaventura, Das Leben des hl. Franziskus, zitiert nach Ruhbach/Sudbrack, Christl. Mystik in zwei Jahrtausenden – München 1989, S. 135–136.
Die Benediktsregel – Eine Anleitung zu christlichem Leben. Einsiedeln 1988, S. 139 u. 162.
Symbolik, Farbsymbolik, Engelattribute richten sich im wesentlichen nach Rosenberg A., Engel und Dämonen, München 1967.

Die mittelalterlichen Lieder entnahm ich aus: Hildegard v. Bingen, Lieder – Salzburg 1965, und Adam v. St. Victor, Sequenzen, lat/dt Wien 1937.

Literatur in Auswahl:

Adler Gerhard, Erinnerung an die Engel, Freiburg 1986.
Guardini Romano, Engel (Der Engel in Dantes Göttlicher Komödie), Leipzig 1937.
Rosenberg Alfons, Engel und Dämonen, Gestaltwandel eines Urbildes – München 1967.
Ströter-Bender Jutta, Engel, Stuttgart 1988.
Vorgrimmler Herbert, Wiederkehr der Engel, Kevelaer 1991.
Westermann Klaus, Gottes Engel brauchen keine Flügel, München 1976.

Die Anregungen zum „Ausklang" verdanke ich im wesentlichen verschiedenen Arbeiten Marienberger Mönche zur Geschichte der Abtei. Sie sind gesammelt in „Kloster Marienberg", Bozen 1990.

Kunsthistorische Angaben richten sich nach:
Stampfer Helmut/Walder Hubert, Die Krypta von Marienberg im Vinschgau, Bozen 1991 (3. Aufl.).

Dorothea Forstner – Renate Becker

Neues Lexikon christlicher Symbole

438 Seiten mit 16 Farb- und 32 SW-Bildern, Leinen mit Schutzumschlag

Viele Menschen haben heute Probleme mit der Verständlichkeit religiöser Symbole: Sie sind aus den Erfahrungen der Alltagswelt verschwunden und als Museumsstücke in den Bereich der religiösen Feier oder der Kunst ausgegrenzt worden. Das „Neue Lexikon christlicher Symbole" möchte die Sprache der Symbole wieder erschließen und geht dabei einen sehr überzeugenden Weg: Die Symbole sind nicht alphabetisch, sondern in 14 Symbolkreisen geordnet und verknüpft. Die Sprache steht in einer Spannung zwischen sachlichen, wissenschaftlichen Aussagen und religiösem, meditativem Sprechen über einzelne Symbole, die die LeserInnen informiert und in ihren Bann zieht. Die thematische Deutung ist immer sehr breit angelegt und behält ein breites Spektrum im Auge: antike Religionen, Altes und Neues Testament, Texte und Bilder der frühen Kirche, die Tradition der Kirchenväter und der Kunstgeschichte, wobei mit wenigen Ausnahmen das 13. Jahrhundert die Zeitgrenze darstellt. Obwohl nicht als Lexikon aufgebaut, lassen sich durch das umfassende Register einzelne Symbole, Namen und Begriffe leicht finden.

Büchereinachrichten, Salzburg